I0820637

Manual para la madrastra MODERNA

Papel certificado por el Forest Stewardship Council®

Primera edición: enero de 2025

Travessera de Gràcia, 47-49. 08021 Barcelona
Imágenes del interior: iStock

Printed in Spain – Impreso en España

ISBN: 978-84-10190-16-0
Depósito legal: B-19.189-2024

Compuesto en Punktokomo, S. L.

Impreso en Limpergraf
Barberà del Vallès (Barcelona)

AL90160

AINA BUFORN
BERTA CAPDEVILA
@ser_madrastra
Manual
para la
madrastra
MODERNA
Cómo vivir en
familia enlazada
sin perder la cabeza
ALFAGUARA

Índice

Prólogo

Érase una vez un príncipe azul. O una princesa azul. Alguien que un buen día encontró un amor verdadero, formó una familia y pensó que serían felices y comerían perdices para siempre.

Nosotras... llegamos después.

Somos lo que se suele llamar «la madrastra malvada». Esa que embauca al príncipe o a la princesa con sueños rotos, arrincona a los niños y trata de convertirse en la nueva reina del lugar. La usurpadora que arrasa con todo, pone a los hijastros de criados y se dedica a vivir la vida padre a costa de la fama y fortuna del reino.

Vale que en los cuentos la madrastra siempre termina mal, pero por lo menos tiene unos años de gloria, ¿no?

Entonces ¿por qué esta no es la realidad de las madrastras actuales? ¿En cuál se basaron los hermanos Grimm para vendernos semejante montaña de humo?

Este libro cuenta un cuento muy distinto. Aquí los personajes son de carne y hueso, con sus miedos, sus sueños y algunas emociones complicadas. Algo como lo que debió de sentir la madrastra de Blancanieves al tener que aceptar a la hija de su marido, que para colmo era la más bella y bondadosa del reino.

El cuento de las madrastras modernas está lleno de altibajos, dudas e inseguridad; no incluye animalitos entrando por la ventana para poner a punto la cocina mientras cantas.

El único parecido con los cuentos de hadas es el amor verdadero que, como en todas las buenas historias, empieza con un romance de pareja y termina con la búsqueda del amor hacia una misma.

Pero volvamos al presente.

Érase una vez dos madrastras que nunca soñaron con serlo. Dos jóvenes lozanas que encontraron el amor a sus veintitantos y, de pronto, se toparon con una realidad para la que nadie las había preparado: «Te quiero mucho y tengo un hijo».

Este es el principio del verdadero cuento de las madrastras. Una historia construida con la experiencia de muchas mujeres, un relato que guardamos en silencio, que a duras penas se comparte y que escondemos con miedo a que nos vean como brujas.

Esta es la historia que vamos a revelar.

Introducción

Ser madrastra es una de las experiencias más abrumadoras que puedes tener en tu vida. Saber que tu pareja tiene hijos pone tu mundo patas arriba y, sin embargo, nadie habla de ello. Te embargan emociones que no conocías y tienes miedo de compartirlas para que no te juzguen como «malvada». No reconocerás que no es tan fácil querer a los hijos de tu pareja o aceptar a su ex bajo pena de ser quemada en la hoguera. Sabes que, si expresas el malestar que sientes, tu entorno responderá: «Ya sabías lo que había» o «Tú eres la adulta y debes adaptarte».

Pues bien, es hora de cambiar el cuento y reconocer que la «madrastridad» es una experiencia complejísima. Plantea retos para los que ninguna mujer está preparada y es inevitable que nos despierte sentimientos desagradables. La clave está en ponerles nombre en vez de envolverlos en un tabú, en comprender su mensaje en vez de envenenarlos con estereotipos y en compartirlos para dejar de sentir que eres la única «loca» que se siente así.

¿Últimamente has sentido...?

- Inestabilidad emocional: pasas de la alegría al llanto y a la ira explosiva con mucha facilidad.
- Tristeza a pesar de que todos están felices o desánimo a pesar de que todo «está bien».
- Síntomas físicos como insomnio, indigestión, dolor de cabeza, falta de energía o sensación de estar enferma.
- Ansiedad ante una llamada, un mail o cualquier cambio inesperado.
- Como si hubieras perdido el control de tu vida y cualquiera pudiera manejarla a su antojo.
- Inseguridad con respecto a tu relación de pareja: desconfías del compromiso de tu pareja, sientes celos de sus hijos o te comparas a todas horas con su ex.
- Enfado con tu pareja hasta el punto del resentimiento, tanto que no sabrías ni por dónde empezar a hablar.
- Que estás extremadamente susceptible ante cualquier cosa que hacen los hijos de tu pareja, hasta el punto de sentir rechazo.
- Que a veces eres como una extraña en tu propia casa, que no logras sentirte parte de la familia por mucho que hagas.
- Pensamientos homicidas: «¿Y si desapareciesen todos?».
- Que has perdido la alegría que te caracterizaba.
- Que no te reconoces.

¡ENHORABUENA! SI SIENTES ALGUNA DE ESTAS COSAS, ERES UNA MADRASTRA NORMAL.

Las cinco fases de la madrastridad:

una auténtica metamorfosis

La investigadora Patricia L. Papernow mostró que las familias enlazadas tardan de cuatro a siete años en alcanzar una cierta estabilidad. Las experiencias que nosotras mismas hemos vivido hasta el momento confirman este dato y nos hemos dado cuenta de que, durante ese tiempo de ajuste, las madrastras atravesamos un proceso personal para construir nuestro rol en la familia y encontrar un lugar propio dentro de ella.

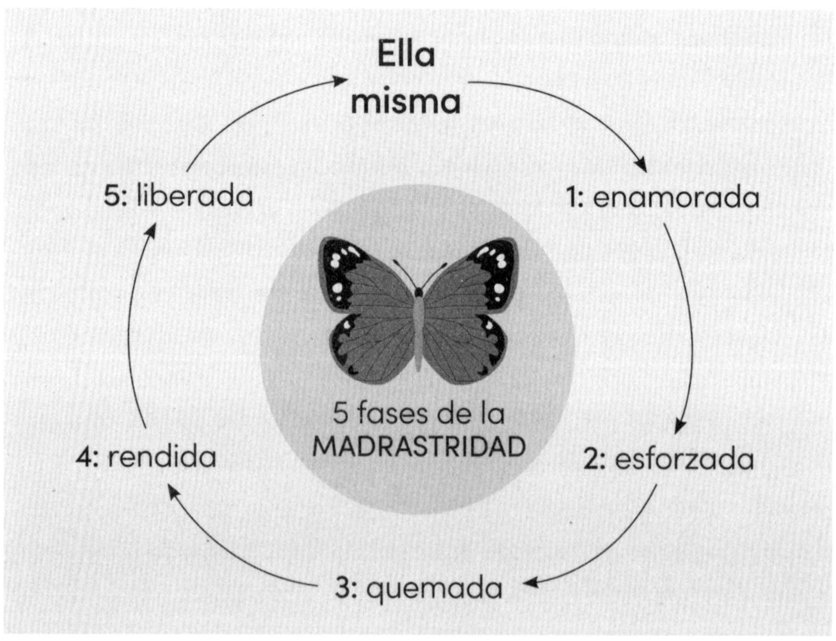

Por sorprendente que pueda parecer, este proceso es parecido en miles de mujeres de diferentes continentes y consta de cinco fases donde la transformación familiar está vinculada a la personal: la nueva situación moldea a la madrastra, pero el proceso de esta también tiene el poder de marcar el presente y el futuro de la familia.

Quizás no hayas vivido todas las fases y situaciones que iremos viendo a lo largo del libro, pero seguro que te sientes identificada con muchas de ellas. Lo importante es que sepas que no estás sola.

La madrastridad nos sumerge en una profunda revolución interna: nos enfrenta a nuestras emociones más desagradables y pone en jaque la idea que teníamos sobre las relaciones y sobre nosotras mismas. Hablamos de **«la metamorfosis de la madrastra» porque ninguna mujer se convierte en madrastra sin pasar por un proceso de cambio personal**.

Esta transformación no es lineal. Las fases nos ayudan a identificar en qué punto estamos, pero podemos recorrerlas de forma salteada, sentir que hemos pasado por varias de ellas en un mismo día o ver que hay aspectos de la vida familiar en los que nos encontramos en una fase y otros en los que nos encontramos en otra diferente. Nuestro objetivo es que no vuelvas a sentir que estás perdiendo la cabeza, sino que siempre puedas comprender lo que está pasando y tengas mapas fiables para navegar por la situación. Todo ello está basado en nuestra experiencia personal y profesional, así como en la de cientos de madrastras con las que hemos trabajado a lo largo de los años.

Es parte del proceso de crecimiento sentir que vas hacia adelante y que, de pronto, te estancas o vuelves atrás. Eso no significa que hayas hecho nada mal. Nadie recorre la vida al mismo ritmo ni por el mismo camino. Es el momento de conocer cuál es el tuyo.

En este libro encontrarás una descripción de las cinco fases de la metamorfosis de las madrastras, incluyendo los principales retos que afrontamos en cada una de ellas, así como varios recursos que te ayudarán a superarlos. Además, encontrarás un montón de anécdotas de nuestras propias experiencias, mientras íbamos atravesando esta metamorfosis, que te contamos en primera persona.

Una cuestión de términos

El porqué de la palabra «madrastra»

Quizás te suena raro que nos llamemos madrastras, así que te queremos contar por qué hemos elegido esta palabra.

Cuando iniciamos la convivencia con nuestros hijastros, no sabíamos cómo contar al mundo quiénes éramos y a menudo decíamos: «Soy la pareja de» o «Son los hijos de mi pareja». Esa fórmula nos valió durante un tiempo, pero definirnos a través de nuestras parejas nos hacía sentir desplazadas y pronto quisimos tomar un lugar propio en la familia. Así fue como decidimos autodenominarnos madrastras y hablar de los niños como nuestros hijastros.

No solo eso, quisimos romper con el estigma y empezar a usar esas palabras sin complejos, porque estábamos hartas de que la única definición fuese la de los cuentos. Queríamos que el término se convirtiese en un paraguas bajo el que cualquier mujer en este rol pudiera cobijarse si lo necesitaba, para lo cual tuvimos que apropiarnos de ella y darle un nuevo significado. También nos dimos cuenta de que no existía una palabra para nombrar el estado y la experiencia de ser madrastra y decidimos inventarla: es la «madrastridad».

Esta fue nuestra opción, pero no tiene por qué ser la tuya. Aunque nos llamemos así, nos fascina la diversidad de nombres que nos habéis ido compartiendo a lo largo de los años: mamastra, madrina, hada madrina, *bonus mom, mamushka* y otros mil que aún quedarán por inventar.

Lo que queremos decirte es que el título que hayas elegido o que te haya dado tu familia es perfecto si te sientes a gusto con él, por eso te animamos a abrazarlo para avanzar hacia este camino que ahora empezamos juntas o a cambiarlo si crees que ha llegado el momento. ¡La madrastridad es un proceso de transformación!

El porqué de la expresión «familia enlazada»

Una familia enlazada incluye hijos no comunes a ambos miembros de la pareja, ya sea porque ha habido una separación, por el fallecimiento de uno de los progenitores o porque antes se había formado una familia monomarental.

Pueden recibir muchos nombres: familia afín, compuesta, recompuesta, *patchwork* o reconstituida. La expresión más habitual hasta ahora era «familia reconstituida», pero, cuando la investigadora Berta Rubio Faus propuso el término «enlazada», enseguida nos acogimos a él por dos buenos motivos:

1. El término «reconstituida» da a entender que formar una nueva pareja es reconstruir la familia y que se van a reproducir los mismos roles y vínculos que en un núcleo normativo. Esa expectativa genera mucho sufrimiento porque no se corresponde con la realidad; al formar una nueva pareja, la familia no se reconstituye, sino que se transforma. Se crea un nuevo modelo de relaciones que deberemos configurar sobre la marcha sin tratar de hacerlas entrar en una horma que ya no les corresponde.
2. El concepto de «familia enlazada» pone énfasis en el mayor reto de este tipo de familias: crear nuevos lazos entre personas que no se conocían y que no se han elegido. Y no solo eso: si ha habido una separación, también debemos aprender a coordinarnos con otros núcleos familiares que quedan enlazados a través de los hijos en una red de hogares a los que no siempre les resulta fácil entenderse.

«Familia enlazada» se ha convertido en nuestro término favorito porque nos sentimos a gusto con él. También nos ha ayudado a acompañar a muchas parejas en el proceso de repensar sus expectativas y redefinir sus roles familiares de una manera más libre y realista.

Una vez más, esta es solo una elección y tú deberás elegir aquella con la que te sientas más cómoda. No hay una única opción correcta.

Perspectiva

Dentro de las familias enlazadas, existe una gran diversidad que no vamos a poder desarrollar en este libro.

Verás que sobre todo escribimos desde la perspectiva de una madrastra sin hijos dentro de una relación heterosexual con un hombre con hijos pequeños, sencillamente porque esa fue nuestra experiencia, y de ella nacen los testimonios que compartimos capítulo a capítulo.

Sin embargo, la mayoría de las vivencias que analizamos son comunes o extrapolables a otras estructuras familiares. Te animamos a aplicarlas a tu realidad de la manera en que te resulte más útil, salvando las distancias.

Existen infinitas formas de configurar la familia enlazada y todas son válidas. De la misma manera, existen infinitas formas de ser madrastra. En este libro encontrarás información, propuestas y tips para definir la tuya… sin dejar de ser tú.

Cada madrastra es única.

¡IMPORTANTE!
La lectura de este libro no sustituye a la consulta profesional. Está pensado para acompañarte en tu viaje como madrastra y darte herramientas para construir una vida plena. Sin embargo, si tu malestar permanece o aumenta, te animamos a buscar ayuda terapéutica.

FASE 1
La madrastra enamorada

«Con amor podremos con todo.
Que tenga hijos no es el fin del mundo».

Empiezas enamorada y llena de ilusión. Aunque la existencia de hijos te genera dudas, sientes que puedes con todo y te centras en disfrutar tu luna de miel. Hay momentos en que consigues olvidarte de todo, pero de vez en cuando una llamada, un cambio de planes o un comentario de tu pareja hacen que la realidad vuelva a darte en la cara. Así, esa felicidad de los primeros momentos pronto queda empañada por nubarrones de ansiedad, la cual va creciendo ante la idea de conocer a los hijos de tu pareja y presentar la relación ante el mundo.

El día que conocí a mi pareja, sentí un flechazo. Nunca he creído en eso del amor a primera vista, pero yo qué sé, me giré hacia mi amiga y le dije: «Me encanta ese hombre». Y tras unos meses de mails y mensajitos llegó la bomba. Me mandó un mensaje, «Tengo que confesarte algo», junto a una foto de un bebé dormido en la cama. No sé qué me dio, la sensación de que el amor lo puede todo, de que eso era lo más real que había sentido en mi vida, pero decidí hacerme la chulita y responder: «Bueno, no pasa nada. Me gustan los niños».

Muchas veces se dice que sigues adelante porque piensas que todo saldrá bien, que el amor lo puede todo o que querrás a los niños.

Pero, en realidad, la intensidad del enamoramiento no deja mucho lugar para el pensamiento racional. Simplemente te dejas llevar: estás enamorada hasta las trancas, eres incapaz de poner en palabras lo que sientes y sigues adelante.

El objetivo de la primera fase es evitar los grandes patinazos que solemos marcarnos en los inicios y avanzar con cautela a pesar de la intensidad de tus sentimientos. Por muy preparada que vayas, el golpe de realidad va a llegar en algún momento, pero queremos que te pille con los pies en la tierra para que puedas encajarlo.

Idilius interruptus: tu pareja tiene hijos, estos tienen una madre y tú solo querías tener pareja

Si no tienes hijos, a las dudas iniciales se añade una sensación de descompensación: mientras tú estás centrada en la relación, tu compañero está dividido entre tú, sus hijos y, a veces, su ex. Tú deseas hacer planes infinitos y pasar la mayor parte del tiempo con tu compañero, pero su disponibilidad está mermada. Es algo así como volver a la adolescencia y tener que esconderse, solo que ahora el condicionante son sus hijos, que para él constituyen su principal responsabilidad y para ti son entes no deseados.

Imagina: pasas un fin de semana ideal, pero el domingo por la tarde tu pareja te dice que tiene que ir a buscar a sus hijos. Tú sonríes mientras por dentro te quedas helada, dándole vueltas a la cabeza, sin saber por qué te sientes tan mal. **Es un auténtico *idilius interruptus*.**

> Jamás he sentido un frío tan helador como el que me atravesó cuando vi al hombre que quería coger a su hijo dormido de los brazos de otra mujer. Sin embargo, me puse la sonrisa y seguí adelante.

El estigma de la madrastra

Así como la maternidad cubre a las mujeres con un empalagoso halo de santidad del que muchas luchan por liberarse, la madrastridad nos cubre con un halo de maldad. Sobre nosotras cae la duda de si no seremos en realidad unas interesadas, si no vendremos a usurpar el lugar de la madre, si no estaremos decididas a arrinconar a los niños para hacernos con el hombre y aprovecharnos de él.

Desde el primer momento en que sales con tu pareja al mundo, **tus acciones pasan a ser observadas y juzgadas desde el prisma de la sospecha**.

Las personas necesitamos etiquetas para interpretar el mundo de un primer vistazo y saber cómo actuar sin tener que hacer un análisis. A primera vista, identificamos a la empollona, al guapito, al padrazo o a la madrastra, por ejemplo. Así, cuando una mujer lleva la etiqueta de madrastra, automáticamente nos ponemos en alerta; «Cuidado con ella: no te fíes de sus intenciones». **Las etiquetas son estereotipos y, cuando tienen una carga emocional negativa, se convierten en estigmas.** La alta probabilidad que existe de que te coloquen la etiqueta de mala es lo que llamamos «la amenaza del estereotipo», que es el motivo por el que al principio harás muchas cosas intentando demostrar que no eres así.

El estigma de la madrastra malvada no lo tienes presente de manera explícita desde el primer momento (sobre todo porque aún no te consideras una madrastra), pero es la semilla de la mayoría de locuras y frikadas que haces por gustar.

Gustar no es solo caer bien. Gustar es **demostrarte a ti y al mundo que eres buena y competente, que mereces ser aceptada**. Eso implica tener la aprobación de demasiadas personas: tu pareja, su familia, sus amistades y, por supuesto, sus hijos, que son quienes más peso tienen en todo esto.

La mayor demostración de tu valía es lograr que los hijos de tu pareja te aprecien y esa dinámica dificulta mucho la relación entre madrastras e hijastros desde el primer momento. A la larga, puedes llegar a sentir que tus hijastros son como unos pequeños dictadores, cuando en realidad el problema no son ellos, sino la sensación de que tu relación de pareja e incluso tu valor como mujer dependen de cómo ellos te vean. **Al principio, tanto nosotras como nuestras parejas ponemos la viabilidad de nuestra relación en manos de la aceptación de sus hijos.**

Y no solo la pareja cae en esta trampa: **el entorno también presiona juzgándote de acuerdo con la relación que estableces con tus hijastros**. Es su amor y aceptación lo que te va a redimir, por eso te sientes a su merced.

> Hasta que la familia de mi pareja no vino por turnos a cerciorarse de la relación que tenía con mis hijastros, no respiraron tranquilos. Cuando por fin todos nos vieron jugar y relacionarnos con normalidad, llegaron los verdaderos juicios que estaban ocultos. Me confesaron que tenían miedo de que yo hubiese engatusado al padre de las criaturas y que fuese a apartarlos de su vida. Es decir, yo era la bruja, y el padre, un pelele. Los niños siempre son las víctimas del embrujo mortal de la madrastra sobre el pobre huerfanito que es el hombre adulto. Me sentí insultada.

Ganas una relación y pierdes otras cosas

Los condicionantes de tu nueva relación aparecen desde el primer momento y el proceso de aceptación se prolonga durante años. Nadie sueña con ser madrastra, ni con experimentar las consecuencias de la separación o la viudedad de su pareja, ni con tener que negociar cuentas, vacaciones y la agenda semanal con la madre de sus hijastros. Eso no estaba en tus planes y al principio no puedes imaginar hasta qué punto va a afectar a tu vida. Es algo que vas descubriendo sobre la marcha. Si alguien te dice: «Ya sabías lo que había», probablemente nunca ha sido madrastra.

Desde luego, el inicio de una relación amorosa puede suponer una gran ganancia para tu vida en muchos aspectos, si no, seguramente no estarías aquí. Pero hay algo que toda madrastra, sobre todo si no tiene hijos, debería saber: **el inicio de la relación también supone una gran pérdida**:

- **De libertad**, facilidad, tiempo y energía, que quedarán condicionadas por la situación familiar de tu pareja.
- **De una auténtica luna de miel con tu pareja y muchas primeras veces** a su lado.
- **De una sensación de equipo con tu pareja**, ya que en muchas ocasiones la diferente posición que ocupáis en la familia os llevará a enfrentaros y a no comprender el lugar de la otra persona. A las parejas enlazadas les suele costar años sentir que forman un verdadero equipo.
- **De tu ideal de familia** (incluso aunque nunca te hubieras planteado cuál era) y de tu rol dentro de ella.
- **De una expectativa de pertenencia, seguridad y confort** en tu propia casa si llegas a convivir con sus hijos.
- **De tu posición social**, pues convertirte en madrastra supone asumir una identidad que está estigmatizada. Puedes vivir los efectos de ese estigma en varias áreas de tu vida en forma de rechazo, exclusión, invisibilización, violencia de varios tipos,

aislamiento y falta de apoyo, tanto de las instituciones como de tu entorno directo.

- **De una parte de tu identidad**, que se va a transformar con tu nuevo rol.

Toda madrastra sin hijos atraviesa un profundo duelo personal del que no suele hablarse. Al principio, ni siquiera nosotras mismas lo identificamos, no hasta que nos estalla en la cara como una bomba de malestar inexplicable.

> Los primeros dieciocho meses de convivencia fueron los peores de mi vida. Ahora, trece años más tarde, mi marido aún se mete conmigo por haberle dicho algo así y, por suerte, podemos reírnos de todo aquello. Sin embargo, en ese momento, me sentía morir y nada de lo que pasaba a mi alrededor parecía justificar tanto malestar. Ojalá alguien me hubiera dicho que lo que estaba viviendo era un duelo salvaje.

Los retos de esta fase serán:

- ✓ Encajar los condicionantes de tu nueva relación.
- ✓ Hacer pública la relación.
- ✓ No perderte en el enredo de gustar.

Encajar los condicionantes de tu nueva relación

Empezar una relación con alguien que tiene hijos es aceptar un regalo sorpresa: en realidad, no sabes todo lo que se esconde dentro de él hasta que lo abres.

Los condicionantes no son solo sus hijos, sino también la relación y el acuerdo de crianza que sostiene con su expareja, si existe o no un proceso judicial, el estado emocional tras la separación y la implicación de la familia extensa en todo esto.

¿Qué puedes hacer?

1. Prepárate para un proceso de duelo paralelo al inicio de la relación

¿A qué cosas estás renunciando? ¿Qué crees que has perdido? ¿Cómo te sientes al pensarlo? ¿Hay alguien con quien puedas hablar de esto? Ten en cuenta **que la rabia, el resentimiento, el sentimiento de rechazo, las fantasías de que hijastros y ex desaparezcan bajo condiciones más o menos escabrosas, los momentos de tristeza y, en general, una cierta inestabilidad emocional son aspectos normales del duelo de una madrastra**, no un arranque de locura o la prueba de que eres una mala bruja.

Los duelos de la madrastridad están desautorizados a nivel social: carecemos del permiso para poder transitarlos y elaborarlos con normalidad. Nadie valora las pérdidas de la madrastra como reales o significativas porque no se vinculan a la desaparición de un ser querido. Además, la expectativa sobre nuestro rol es que estemos siempre disponibles y entregadas, así que eso no deja espacio para la tristeza.

Sin embargo, estar decidida a continuar con tu relación y valorar lo que te aporta no se contradice con experimentar un duelo por lo que dejas atrás: es importante dar espacio a ambas partes y que no te lo tragues en soledad. Si sientes que el malestar se apodera de ti, sé consciente de que estás afrontando una situación complejísima y busca apoyo profesional.

2. Infórmate, pregunta y abre diálogo

La falta de diálogo unida a la falta de información y a unas expectativas muy dispares en cada miembro de la pareja es el punto de partida de muchas familias enlazadas. Para evitar que la relación se asiente sobre un terreno tan pantanoso, es necesario buscar información fiable sobre las familias enlazadas que te ayude a ubicarte, plantearte qué quieres de cara a tu nueva relación y abrir el diálogo contigo misma y con tu pareja. ¡Este libro es un buen comienzo!

A medida que vivas la relación y que te vayas informando, surgirá la necesidad de tratar ciertos temas con tu pareja. No los pospongas.

Preguntarnos por nuestros deseos y anhelos hace que nos sea más fácil identificarlos y poder cumplirlos. También nos ayuda a comprobar si son realistas.

Cuando conocí a mi pareja, la cuestión de la maternidad se había convertido en un tema importante dentro de mi vida. Eso nos obligó a abordar esa posibilidad durante los primeros meses de la relación. Fueron conversaciones duras pero necesarias. Conocí los miedos de mi compañero, su experiencia previa y hasta qué punto estaba abierto a la idea de ser padre conmigo. Él también supo cuán importante era esa cuestión para mí. A pesar de que en nuestros inicios dimos muchos bandazos, esas conversaciones son una de las cosas de las que estoy más orgullosa. Así, los dos pudimos apostar por la relación sabiendo lo que había.

Las ideas y expectativas de cada miembro de la pareja pueden ir cambiando a lo largo del tiempo, así que las primeras conversaciones no tienen por qué cerrar un contrato de por vida, pero son oportunidades de oro para sentar las bases de la relación. A diferencia de cuando no hay hijos de por medio, **las relaciones enlazadas no dan mucho tiempo a la pareja para dejar las cosas en el aire**, ya que emprendemos un proyecto demasiado exigente como para ir a ciegas.

3. No pospongas demasiado el momento de conocer a sus hijos

Da miedo, lo sabemos. Pero, si la perspectiva es una relación de pareja a largo plazo, es mejor enfrentar ese miedo que vivir un largo periodo imaginando dragones y acumulando ansiedad. Además, **hablando en plata: solo así empezarás a saber dónde te estás metiendo de verdad**. Cuanto más tiempo dejas pasar, más cuesta dar el paso y después es difícil reajustar la relación incluyendo a los pequeños.

Si solo tu pareja tiene hijos, a esta dificultad se añade **la incomodidad de la asimetría**: mientras una parte está del todo volcada en la relación, la otra desaparece durante las visitas de sus hijos, y eso provoca muchos roces en la relación. La madrastra se siente insegura sobre la implicación de su pareja y el padre se desespera tratando de conjugar sus deberes parentales con la atención a su nueva compañera, sintiendo que nunca es capaz de llegar a todo.

Aplazar el anuncio de la relación tiene sus ventajas. Por un lado, se evita la exposición de la madrastra al cuestionamiento y juicio externo. Por otro lado, da tiempo a la pareja para iniciar su relación sin todas las complicaciones añadidas.
Sin embargo, **si esta fase se prolonga demasiado, nos arriesgamos a que surjan dudas y resquemores.** La madrastra sospecha que su pareja no está totalmente comprometida y el padre siente que su nueva compañera rechaza de plano a sus hijos.

No tuve la oportunidad de decidir cuándo conocer a mis hijastros. Estaba de viaje, pasando las fiestas con mi novio y le tocaba tener a sus hijos. No podía huir a ningún sitio. Así que hubo que enfrentarse a ello. Esperé lo que me pareció una eternidad a que llegase de recoger a sus hijos y, cuando lo vi salir del coche con dos bebés en brazos, casi me dio un infarto en el sitio. No sabía qué decir ni cómo sentirme. Pero él me dijo: «Toma, cógeme a este y ayúdame a prepararles la comida». Era mi primer contacto con un bebé y yo de resaca de Nochevieja. Visto ahora con años de perspectiva, no salió tan mal. Pero le guardé resentimiento a mi pareja durante un tiempo por esta primera toma de contacto tan brusca.

Si aplazar la presentación os está dando más quebraderos de cabeza que libertad, es el momento de actuar, desde luego. Esto nos lleva directamente al siguiente reto.

Reto:

Hacer pública la relación

Este es un momento crítico para la pareja, pues remueve emociones muy intensas. Es posible que tu compañero sienta miedo a la reacción de su ex y sus hijos, lo cual provocará dudas sobre cómo y cuándo dar la noticia. Si se siente culpable por haberse separado o no pasar tiempo suficiente con sus hijos, este momento va a ser especialmente espinoso para él. Como madrastra, te encuentras dividida entre el miedo a ser rechazada y el deseo de mostrar tu relación ante el mundo.

Así como antes hablábamos del duelo de las madrastras, en el momento de hacer pública la relación también se harán presentes los duelos de las otras personas implicadas: la madre, los hijos y la familia extensa. Lo queramos o no, la aparición de una nueva pareja es la evidencia definitiva de que el anterior proyecto familiar ha terminado. **En esta situación, todo el mundo comparte el duelo por la pérdida de su ideal de familia, aunque no sea el mismo para todos y el duelo se viva con ritmos y matices distintos.**

Para la madre de las criaturas, la aparición de la madrastra significa que sus esfuerzos por tener una «familia normal» han llegado a su fin. Se hace patente que el modelo familiar ha cambiado de manera definitiva, lo cual puede reactivar su duelo, incluso aunque ella misma tomara la decisión de separarse. Al mismo tiempo se despiertan miedos: ¿estarán bien mis hijos? ¿Quién es esta persona y cuáles son sus intenciones? ¿Ella les ofrecerá la familia que yo no he podido darles? ¿Preferirán estar con ella que conmigo?

Para los hijos, la figura de la madrastra es una contradicción. Por un lado, el hecho de que su padre y su madre formen nuevas relaciones supone un alivio para ellos, sobre todo cuando lo hacen los dos. Por otro lado, la llegada de nuevas parejas supone que la fantasía de la reconciliación se aleja y que el espacio que habían creado junto a su madre o su padre se ve amenazado por nuevos cambios que pueden dejarlos desplazados. También está el conflicto de lealtad que supone admitir otra figura femenina en su vida y surgirán miedos: ¿cambiará la relación con mis padres? ¿Dejaré de tener mi espacio con mi padre o mi madre? ¿Cómo le sentará a mi madre saber que papá tiene una nueva pareja? ¿Su llegada significa que se borrará el recuerdo de mi madre? ¿Qué cambios acarreará todo esto? ¿Quién se supone que va a ser esta persona en mi vida?

Para la familia extensa, la nueva relación también puede presentar complejidades. En paralelo a la alegría de ver contento a su hijo, los abuelos pueden temer por sus nietos e incluso por la madre si tienen un vínculo fuerte con ella. En caso de que les haya costado aceptar la separación, también les costará aceptar a la madrastra y hasta pueden vivirlo como un fracaso personal en la crianza de un hijo que no ha sabido mantener a la familia unida. Esta rama familiar también puede sufrir nuevos miedos: ¿qué hemos hecho mal para que nuestro hijo no haya sabido cuidar y proteger a su familia y ahora traiga a una nueva pareja? ¿Cómo influirá la madrastra en el proceso de separación? ¿Alejará a los niños de su padre? ¿Será un obstáculo para el contacto con ellos? ¿Cómo gestionamos la relación con la madre y con la madrastra?

4. Tu pareja debe avisar por adelantado y preparar una explicación honesta

Cuando decidáis hacer las presentaciones con los niños, **es recomendable que tu pareja avise unas horas o un día antes a su ex**, si la relación lo permite. Al mismo tiempo, conviene poner los medios necesarios para asegurarse de que no termine siendo ella quien les hable a los niños de ti por primera vez.

Tu compañero también deberá avisar a sus hijos de que van a conocerte. Para hacerlo deberá adaptar las palabras a su edad, pero es mejor evitar eufemismos, como decirles que eres «una amiga», pues la situación ya es lo bastante compleja como para liarla con medias verdades que los niños van a captar. Es preferible decir: «Es una persona que me gusta, nos estamos conociendo y quedaremos con ella tal día para hacer tal plan». **No hace falta que dé detalles, pero sí que hable con honestidad.** Si surgen preguntas difíciles que no sabe cómo responder en ese momento, que se comprometa a pensarlo para darles una respuesta más tarde. **Los niños necesitan anticipar situaciones futuras para sentirse seguros.**

Cuando decidimos hacer pública nuestra relación de cara a su ex, quisimos que fuese de la manera más natural posible. A ninguno se le ocurrió hablar de esto antes con ella o que supusiera un golpe que tuviera que encajar. Así que acompañé a mi pareja durante un intercambio y, cuando me vio, su cara cambió completamente. Pasó de la alegría de ver a sus hijos al shock de verme a mí. Se echó a llorar delante de todos y no supimos cómo ayudarla. Me sentí horrible.

5. El momento de conocer a los hijos de tu pareja

Conocer a los futuros hijastros es todo un desafío. Elegir el momento y el lugar puede suponer un quebradero de cabeza. Es buena idea que sea en un entorno neutro, fuera del territorio familiar, mediante actividades placenteras para todo el mundo. De este modo, **la atención no recaerá en las reacciones de la madrastra o de los niños, sino en hacer algo en común y e ir conociéndonos poco a poco**. No forcemos besos ni muestras de afecto. Por cierto, si tenéis animales, contad con ellos como grandes aliados para incluirlos en este momento. En cuanto a la duración de los primeros encuentros, mejor irse pronto y quedarse con ganas de más. **La brevedad es la mejor aliada.**

Sea como sea, aunque te cueste creerlo, el primer contacto no es tan decisivo. A veces se da de manera imprevista o se hace de pasada y también está bien. **La relación con los hijos de tu pareja va a ser una carrera de fondo, así que reserva energías.**

Recuerdo que, al conocer a los hijos de mi pareja, sentí tal pánico que este se extendió también durante meses en todos nuestros encuentros. Me sentía vulnerable y a su merced. Ellos tenían sobre mí un poder que me hacía sentir insegura y la única forma que encontraba de gestionar el malestar era apartarme e intentar no relacionarme con ellos hasta que se marcharan o bien entregarme con todas mis energías hasta sacarles una sonrisa y que me dijeran una palabra. Entonces, podía empezar a respirar tranquila hasta la próxima vez. Cada encuentro con ellos era agotador.

6. Las situaciones incómodas son parte del proceso

Existe la idea de que todo tiene que ir como la seda en las presentaciones para que la relación sea viable y **vivimos cada encuentro como una prueba de fuego que nos llena de ansiedad**. Pero, en realidad, las familias enlazadas se construyen sobre momentos incómodos y lo que importa es cómo aprendemos a enfocarlos. Como pareja, es mejor que os hagáis a la idea de que habrá momentos de tensión, que es posible que los niños (o no tan niños) se muestren distantes o displicentes, que no actuemos de la mejor manera, que la cosa no fluya..., y no pasa nada.

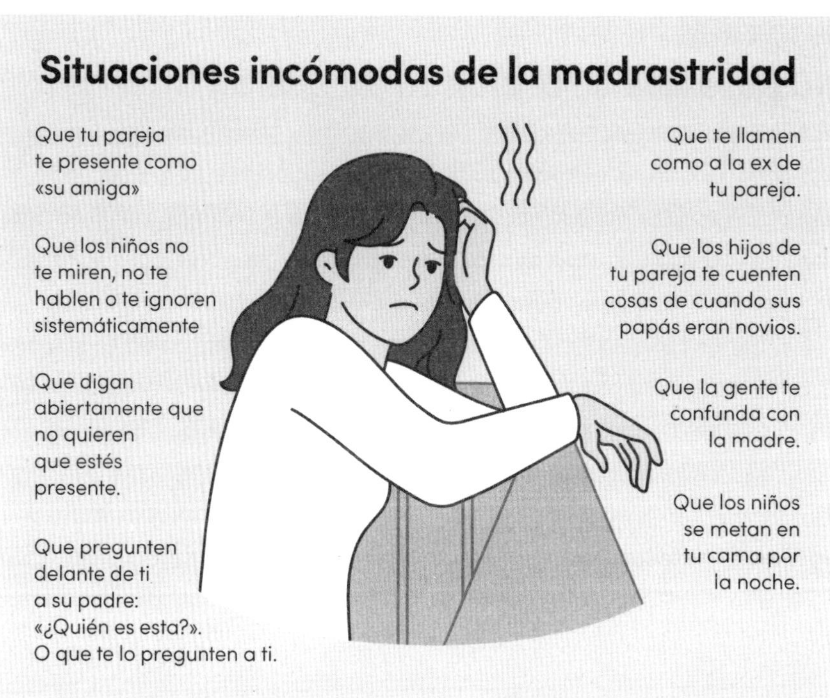

Como estas cosas (y otras peores) suelen ocurrir, **dadle un voto de confianza a vuestra relación y haced el pacto de ir aprendiendo a sortear las dificultades con la práctica, sin descuidar los momentos de disfrute durante el proceso**, tanto individuales como en pareja.

Llevaríamos un par de meses de relación cuando decidimos irnos a pasar un fin de semana a la playa con su hijo de cuatro años. Iba cagada y fue muy intenso, pero al final lo pasamos bien. Me sentía como si hubiese realizado una gran gesta. Mientras volvíamos en el coche, llamó por teléfono la madre del niño y él, en un momento dado, la llamó «Berta» en vez de «mamá». El pobre se equivocaba a todas horas con los nombres, pero ese error lo dejó hecho polvo. Se sumió en un ánimo gris, distante y silencioso, no habló más durante el viaje. Más tarde, en casa, mientras él veía unos dibujos, me acerqué un poco para sondear el terreno. Entonces, muy serio, se giró y me dijo: «Berta, yo te quiero, pero estoy casado con mi mamá». Casi me caigo muerta.

Reto:

No perderte en el enredo de gustar

Por mucho que tu pareja y tú hagáis equipo y aceptéis que no todo tiene que ser perfecto, lo cual al principio ya es un reto de por sí, **la madrastridad implica una sensación constante de estar bajo examen. Es muy fácil perderte rápidamente en el intento de ser aceptada.**

El hecho de sentirte fiscalizada y rechazada, o el miedo a que eso ocurra, ya que siendo madrastra tienes muchas papeletas, puede llevarte a poner toda tu energía en un único objetivo: gustar. Sin darte cuenta, pronto empiezas a medir tu valor en función de cómo reaccionan las personas al conocerte y pierdes tu centro. **Te vuelves adicta a la aprobación de los demás** y esa es la gasolina que alimenta la competición que has iniciado contra ti misma por ser la madrastra perfecta.

«Voy a darlo todo para que vean que soy genial y así no podrán rechazarme». «Voy a ser la madrastra más cariñosa, más cuidadosa, más dulce; así seguro que me querrán». «Voy a acogerlos como a mis propios hijos y todo el mundo se dará cuenta de lo buena que soy. Con mi comportamiento maternal cambiaré la idea que tienen los demás sobre una madrastra». «No voy a llamarme madrastra, ¡yo no soy eso!».

Uno de los grandes retos de los primeros tiempos es controlar la ansiedad por ser aceptada y no traicionarte demasiado buscando aprobación externa, así que vamos a ver algunos recursos para lograrlo.

7. Mantén tu mundo activo

Cuando empieces a conocer a los niños y al entorno de tu pareja, no pongas en pausa tu vida, por muy enamorada que estés y por mucho que quieras dedicar tiempo a la relación. **Estar siempre disponible no te hace más válida, te convierte en una sirvienta.** La mejor manera de mantener tu valía personal es cuidar tus tiempos, tus relaciones, tus actividades, tus espacios.

Cuando cuidas tu mundo, te estás dando el mensaje interno de que eres una persona valiosa, independientemente de lo que opinen los demás sobre ti. Desgraciadamente, por el hecho de ser madrastra, muchas personas te mirarán con ojos poco amables. Sin embargo, no te ven a ti, sino sus propios prejuicios y miedos sobre lo que representas. **Si nunca es posible gustar a todo el mundo, aún lo es menos cuando eres madrastra.**

Además, mantener tu mundo abierto y activo supone que tendrás menos pérdidas por las que hacer duelo y más opciones de descansar de ambientes como la casa de tu pareja, el colegio o la casa de tus suegros. Es decir, espacios donde puedes sentirte desplazada y desorientada sobre cuál es tu papel.

Cuando empecé la convivencia con mi pareja y sus hijos, también empecé un máster. Mi pareja lo vio como un error porque eso me hacía estar lejos de ellos en algunos días de visita y, claro, lo percibía como que iba a dificultar que creáramos un vínculo entre nosotros. Yo me sentía culpable por no estar, pero en mi fuero interno sabía que ni en ese momento era importante mi presencia ni yo podía poner todo en pausa para pasarme las tardes viendo *La patrulla canina*. Tener mi espacio me ayudó a conocer mejor la ciudad a la que me había mudado, tener una red de amistades nuevas para salir y mantener la cabeza ocupada, no solo puesta en los niños.

8. Muéstrate, dentro de lo posible

Todas las personas nos ponemos una máscara cuando conocemos a alguien nuevo: queremos gustar y tratamos de esconder nuestras partes menos favorecedoras. Es normal, pero también se puede convertir en una trampa mortal. Como en una madrastra todo lo que no sea abnegación es visto con recelo, enseguida asumes que no puedes mostrar tu sentir y adoptas un personaje muy distinto de ti misma, hasta que **llegas a creerte que la única manera de ser aceptada es ser alguien que no eres**.

Para no caer en esta trampa, trata de mostrarte. Permítete modular la exposición a los niños de acuerdo a cómo te sientas, reflexiona sobre en qué aspectos quieres integrarte y de qué manera. Al mismo tiempo, demuestra que eres una persona con sus aficiones, rutinas y relaciones. Introducir a tu pareja y a sus hijos en tu círculo, donde son ellos quienes tienen que encajar, equilibra un poco la balanza en términos de gustar; esto te quita el foco de encima, te permite acompañarlos a ellos a descubrir tu mundo y manda el mensaje de que no solo tú debes adaptarte, sino también ellos. Y, por supuesto, habrá que crear nuevos rituales y recuerdos en conjunto. **Se trata de crear una dinámica nueva, no de que tú te adaptes constantemente a la suya.**

La familia de mi pareja consideraba que era un milagro que yo le aceptara con un hijo y todo el mundo alababa la relación que tenía con el niño. ¿Cómo iba a reconocer que en realidad no sabía muy bien qué sentía y que desempeñaba ese papel un poco por inercia, aunque a veces me generara rechazo? Incluso cuando conseguía sentirme parte de la familia, una vocecita en mi cabeza me decía que solo me aceptaban porque no me conocían. Aun siendo aceptada, me sentía profundamente sola.

9. Comprueba cómo estás antes, durante y después de cada situación

Uno de los grandes aprendizajes de la madrastridad es mantener el contacto contigo misma a pesar de las expectativas externas y los múltiples estresores de la familia enlazada. Por eso, cuando te encuentres ante una situación que te remueve, te animamos a centrar la atención sobre tu sentir. Antes de pasar a la acción, siempre es bueno tener un momento de reflexión.

Toma lápiz y papel y anota cómo te sientes: tensa, con el estómago revuelto, con pensamientos repetitivos o catastrofistas, confusa, contenta, nerviosa, etc. Recoge tus sensaciones físicas, mentales y emocionales antes, durante y después de esa situación que te inquieta. Eso te permitirá tomar decisiones respetándote a ti misma. Puedes usar una tabla como la que encontrarás en la página siguiente.

SENSACIONES ANTES	SENSACIONES DURANTE	SENSACIONES DESPUÉS
Físicas	Físicas	Físicas
Mentales	Mentales	Mentales
Emocionales	Emocionales	Emocionales

Si después de que todo pase ya no te sientes igual, reflexiona: ¿a qué se debe? ¿Puedes identificar los disparadores de tu malestar? ¿Hubo cosas que te aliviaron? ¿Estás satisfecha o querrías cambiar alguna cosa? ¿Qué conclusiones sacas de cara a la próxima situación parecida? Lo importante es identificar qué pasa dentro de ti y así actuar en consecuencia. Así que ya sabes, coge la tabla, prepárate tu bebida favorita, pon música relajante y ve a un espacio que te dé seguridad para empezar a rellenarla.

Ya teníamos meses de recorrido en esto de ir a recoger a los niños para las visitas, pasar la tarde y devolverlos. Pero no, no conseguía estabilizar mi ansiedad. Ir a recogerlos era un trago porque no paraba de preguntarme: «¿Qué me voy a encontrar? ¿Me rechazarán o seguirá todo como lo dejamos la última vez que nos vimos?». Siempre lo mismo: alegría al vernos, pasar una buena tarde merendando y jugando, despedirse y ansiedad de nuevo porque a ver cómo se presentan las cosas con la ex. Cuando me paré a escucharme, me di cuenta de que estaba harta del ciclo y que necesitaba encontrar una forma para romperlo.

FASE 2

La madrastra esforzada

«Con esfuerzo y buen ánimo, me aceptarán».

Esta fase se inicia con la convivencia y las rutinas compartidas. Las relaciones aún están muy verdes, pero la pareja quiere empezar a convivir total o parcialmente y toma consciencia de que hace falta poner la familia en marcha para que todo el mundo se conozca y ver cómo funcionan las cosas en realidad. Así que la decisión está sobre la mesa: ¿vivimos juntos o mantenemos dos casas?

Es una fase de mucho movimiento en que toda la energía de la madrastra estará puesta en un solo objetivo: hacerse un lugar en la familia, sentirse parte.

La familia ideal y tu papel ideal dentro de ella

A través del modelaje cultural y social, todas las personas interiorizamos una determinada idea de familia, así como de lo que es ser mujer y ser hombre dentro de ella. Son los ideales con los que aterrizamos en cada nueva relación, aunque no lo hagamos de forma consciente. Así, **el esfuerzo inicial de toda madrastra por hacerse un lugar en la familia en el fondo también es un esfuerzo**

por hacer real su ideal de familia, por desempeñar su papel aprendido como mujer dentro de ella, por encontrar la acogida que supuestamente le corresponde y por establecer el tipo de relaciones que se cree que debería tener una familia.

En la práctica, estás tratando de formar una familia nuclear ideal donde sentirte segura y valorada (que es el modelo por excelencia en nuestra cultura), pero lo haces con los elementos de una familia enlazada.

Es como tratar de jugar al *Monopoly* con las fichas y las instrucciones del *Risk*.

El inicio de la convivencia en cualquier familia está marcado por la presencia de muchos ideales más bien inconscientes y que no se verbalizan. La peculiaridad de las familias enlazadas es que los ideales de cada miembro son más diferentes de lo habitual y, sobre todo, que **la propia estructura familiar es incompatible con esos ideales tradicionales, ya que en ninguno existen hijastros, madrastras o ex**.

¿Cómo vas a encajar en la familia cuando tu rol no está contemplado en ella? ¿Cómo vas a asumir que en tu familia existen hijastros? Pues una parte del esfuerzo inicial que emprenden muchas madrastras consiste precisamente en **demostrar que no son «como una madrastra» o en lograr no sentir a los hijastros «como hijastros»**, sino como hijos, sobrinos o amigos.

Si esta cuadratura del círculo ya es difícil de por sí, a la ecuación se añaden muchos más frentes con los que debes lidiar al mismo tiempo: crear un hogar físico, consolidar tu relación de pareja en convivencia, digerir la presencia de la ex, entablar relación con suegros, cuñados y amistades, y presentarte en la esfera social de tus hijastros. ¡Toma ya! Todo esto genera un huracán de inseguridad que fácilmente se lleva por delante tu equilibrio mental y te empuja a trabajar en mil frentes al mismo tiempo persiguiendo la zanahoria de la aceptación.

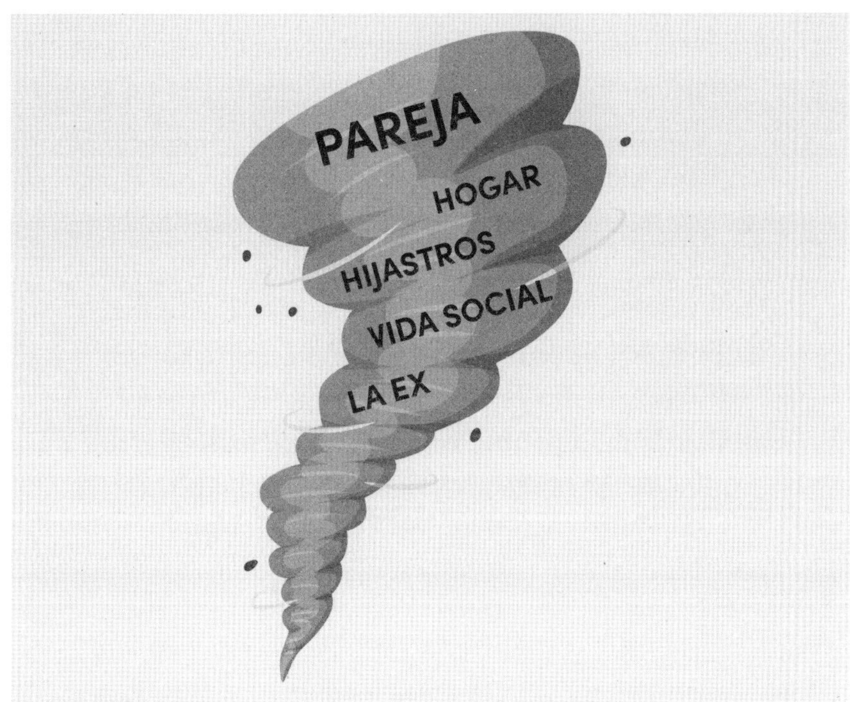

Cuando asumes que debes esforzarte por ser aceptada, internamente te estás dando el mensaje de que lo primero que van a hacer es rechazarte. Es el estigma de la madrastra malvada, que se interpone una vez más en tus relaciones. Así como los demás tienden a desconfiar de tus intenciones, tú tiendes a interpretar sus acciones y omisiones como una forma de rechazo.

Vivir las relaciones en código de rechazo

Tienes tan asumido que lo más probable es que te rechacen que tiendes a interpretar cualquier situación como una confirmación de ese miedo. Si tus hijastros no te saludan, te sientes herida; si la ex no quiere hablar contigo, lo vives como un ninguneo; si tu pareja no hace lo que le has pedido, desconfías de su compromiso contigo; si los padres de tu pareja llaman a la ex por Navidad, ya no sabes cómo estar en su casa, etc. Es cierto que la madrastridad es un hándicap en tus relaciones, pero, a medida que puedas suspender el código de rechazo y ver las dificultades de cada uno, **te darás cuenta de que muchas de las cosas que hacen tienen más que ver con su propio malestar o desorientación que con un rechazo hacia ti. Eso les quitará mucha carga de dolor a tus relaciones.**

Para comprender cómo se despliegan los distintos ámbitos de la familia y cómo navegar por cada uno de ellos sin verte abrumada por el fantasma del rechazo, dividiremos este capítulo en las cuatro principales áreas de relación que se abren con el inicio de la convivencia: hijastros, entorno social, ex y pareja. Veremos cuáles son los principales retos que se suelen plantear en cada una de ellas y cómo podemos ir afrontándolos.

1. Los hijos de tu pareja: convivencia y relación

Ser parte

Tu pareja espera que, al compartir tiempo, las relaciones entre sus hijos y tú progresen enseguida hacia el afecto y la familiaridad. Tú deseas lo mismo. Sin embargo, te sientes como una forastera cada vez que ellos llegan a casa.

El síndrome de la forastera

Cuando estás a solas con tu pareja, te sientes incluida en la relación, pero es fácil sentirte excluida y fuera de lugar cuando se suman los hijos a la ecuación. Entonces, entras en una zona gris de no pertenencia difícil de describir y delimitar. Esta sensación dispara tu ansiedad y llegas a preguntarte si no estarás perdiendo la cabeza. Además, el entorno no entiende el profundo malestar que experimentas y lo interpreta, de acuerdo con el estereotipo negativo, como un signo de rechazo hacia los hijastros. Quizás incluso te digan algo del tipo: «¿Por qué te cuesta tanto aceptarlos?». Esto aumenta tu sensación de aislamiento y te genera dudas: «¿Seré realmente mala?».

Sabes que la manera de ser aceptada pasa por no encarnar el estereotipo del cuento, así que buscas otros papeles que puedan darte un lugar como mujer en la familia: animadora sociocultural a tiempo completo, compañera de juegos perfecta, interlocutora siempre disponible para prestar atención, creadora de unidad familiar, cuidadora, cuentacuentos, gerente de orden y hábitos saludables, etc. **Terminas haciendo una especie de estudio de mercado sobre las necesidades de la familia para descubrir dónde están los huecos que tú puedes cubrir.** Las «carencias» familiares se convierten en tu principal baza porque, si hay una necesidad no satisfecha, significa que hay un potencial lugar para ti.

Pero, cuidado, ese puesto parece que también hay que ganárselo. Y, como temes que tampoco te acepten ahí, te impones la excelencia. Ya no se trata solo de cocinar, sino de hacer un estupendo plan nutricional, sin fisuras y ¡todo ecológico! Si tu pareja no es muy hábil vistiendo a sus pequeños, te encargas tú de llevarlos a la última moda. Si crees que no mantienen una buena higiene, te conviertes en la policía de las duchas. Si sientes que hace falta unidad familiar, buscas planes estelares para crear recuerdos juntos. Así, poco a poco y con la lengua afuera, vas entrando en la familia, asumiendo cada vez más responsabilidades en los cuidados.

La contrapartida es que, a medida que aportas más y que consigues una cierta aceptación, también tienes cada vez más miedo de que se caiga el mito que has creado: **soy una madrastra genial (y por eso merezco ser querida)**.

De todo, menos madrastra

«¿Cómo se nombra lo que soy en la familia?».
Eres madrastra, sí, pero sientes la necesidad de demostrar que eres diferente. Tú eres... una mamuchi, una cariño, una madrina, una segunda mamá, una «amiga», etc. El título importa porque es lo que nombra tu rol en la familia y te da carta de pertenencia. Un nombre alivia la sensación de ser una persona eventual que en cualquier momento puede desaparecer. Necesitas tu propio estandarte, por eso luchas con uñas y dientes por hacerte merecedora de un nombre que no esté asociado a etiquetas negativas.

Tardé años en aceptar que «madrastra» era mi nombre en la familia. Mis hijastros empezaban a necesitar una forma de llamarme que los vinculase conmigo y explicase el parentesco. Ellos eran pequeños y querían usar la palabra «mamá», pero necesitábamos otra cosa. Necesitábamos «madrastra», pero sin la connotación negativa. Hasta que descubrí que ellos no le veían ese matiz. Viendo Harry Potter por millonésima vez, mi hijastro mayor me dijo: «Snape es el madrastro de Harry Potter, ¡mira cómo lo cuida!». Así que, a falta de referentes, empezamos a crear unos propios y no nos dejamos arrollar por el estigma. Resultó que Maléfica también era la madrastra de Aurora y era muy guay.

Quererlos como si fueran tuyos

Al mismo tiempo que buscas la actitud adecuada para encajar, por dentro estás tratando de moldear tus emociones para lograr sentir de «una manera normal». Tanto tú como tu pareja esperabais que, pasado un tiempo, las relaciones en casa llegaran a ser como las de «una familia normal» y eso incluye algo muy importante: **debes lograr querer a tus hijastros como si fueran tus hijos y que ellos te quieran a ti**. Solo así conseguirás alejar para siempre el nubarrón del estereotipo de la madrastra malvada y recibirás tu ansiado sello de pertenencia a la familia.

No es casual que los papeles que adoptas para encajar tengan que ver, en general, con el cuidado de los pequeños y del ambiente familiar. La alimentación, la higiene, el orden, hacer planes, jugar, escuchar a los pequeños y ser garante de la unidad familiar son papeles tradicionalmente femeninos con los que tratas de acercarte al mítico «amor de madre». Si por el momento no lo sientes, por lo menos actúas como si lo hicieras, esperando que así llegue cuanto antes.

Amor y máscaras

Aunque nadie te lo diga, te sientes presionada a replicar un papel maternal, a sentir como una madre y a hacerlo cuanto antes. Y, para poder superar esta prueba imposible, te pones la máscara de buena madrastra.
Quizás el entorno celebra lo bien que has encajado con los niños, pero por dentro te sientes fatal porque... sí que haces mucho por ellos, pero no logras hacerlo con el amor que «deberías sentir». Sabes que eso que todo el mundo alaba tiene algo de máscara y que, en el fondo, la relación con tus hijastros te pesa mucho más de lo que puedes admitir.

El mito de que la madrastra debe querer a los hijos de su pareja como propios es uno de los más dañinos que hay, porque establece unos estándares imposibles para la mayoría de madrastras y pone demasiada presión en una relación que ya es compleja de por sí. Lo cierto es que, **igual que no se espera que los hijastros amen a la madrastra como a su propia madre (¡hasta se ve como una aberración!), tampoco debería esperarse a la inversa**.

El incómodo repelús

Muchas madrastras nos han confesado con la boca pequeña y llenas de culpa que les da repelús que sus hijastros beban de su vaso o compartir tenedor, como si con esa reacción visceral estuvieran faltando a su deber de amar. «No me pasa ni con mi pareja ni con mi hija, pero con mi hijastro no puedo evitarlo. Incluso me genera rechazo cómo huele cuando llega de la casa de la madre». Si experimentas sensaciones de asco con los fluidos y olores de tus hijastros, debes saber que es totalmente normal y que puedes mantener las medidas de higiene que consideres. **No por ello eres peor madrastra.** De hecho, estas sensaciones deberían servirte como medida de la compleja labor de aceptación que estás haciendo a pesar de que tus instintos más primarios a veces gritan: «Estos hijos no son míos».

En resumen, las relaciones entre madrastras e hijastros son complejas e implican muchos factores que no están en tu mano. Tienden a madurar lentamente y pueden adoptar muchas formas distintas a lo largo del tiempo. ¡Es algo que debemos aprender a aceptar con normalidad! **El objetivo no debería ser lograr un tipo de amor concreto, sino fomentar un respeto entre los miembros de la familia que sea la base sobre la que puedan crecer las relaciones. Eso sí, a su propio ritmo.**

Un día estaba merendando con mi hijo y mi hijastro, cuando recibí una de las preguntas que toda madrastra teme: «¿Me quieres igual a mí que a él?». Me temblaron un poco las piernas, pero logré responder con honestidad sin sentirme malvada. Le respondí que no, que mi relación y mi historia con ellos era muy distinta y que mi amor también era distinto. Incluso le devolví la pregunta para que pudiera entenderme: «¿Verdad que tú no me quieres a mí igual que a tu madre? Y eso no significa que no seamos importantes el uno para el otro».

Mal si haces y mal si no haces

La obligación implícita de querer a tus hijastros como si fueras su madre se contradice con la prohibición, también implícita, de no ocupar nunca el lugar de la progenitora. Aunque nadie lo diga de viva voz, toda madrastra recibe el mismo mensaje: **«Quiérelos y cuídalos como una madre, pero no pretendas ocupar ese lugar»**. Sí, amiga, la madrastridad es un rol literalmente imposible. Está lleno de mensajes contradictorios que te llevan a sentirte constantemente culpable e inadecuada. Nunca sabes qué se espera de ti, es como si caminaras constantemente por un campo de minas. Es el paradigma del **«mal si haces y mal si no haces»**, que te trae un nuevo golpe de realidad: **hagas lo que hagas, a alguien le va a parecer mal (incluso a ti misma)**.

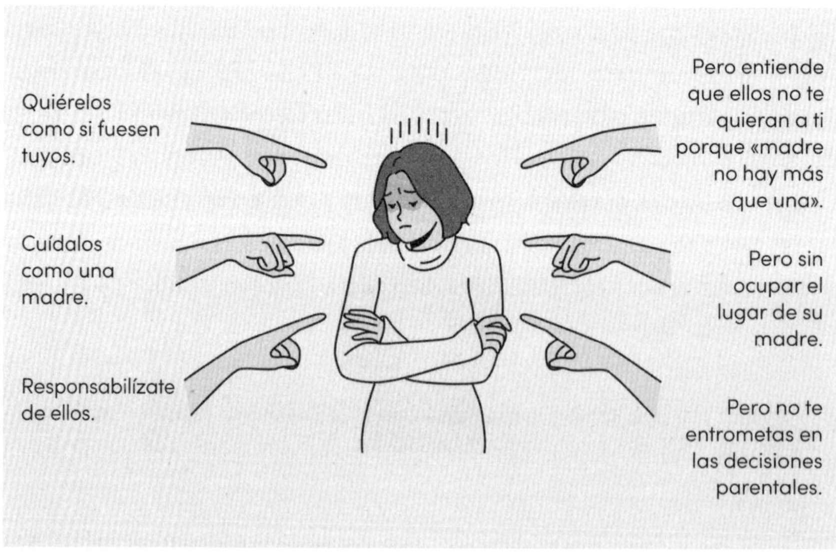

Sientes que no eres adecuada como madrastra porque recibes mensajes contradictorios a todas horas, ya sea de forma implícita o explícita. Tu papel es tan incómodo para muchas personas que tus acciones u omisiones siempre van a tocar la herida de alguien.

Pero tenemos una buena noticia para ti: lo que ahora mismo te parece una encrucijada imposible es lo que a la larga te llevará a dejar de responsabilizarte de las opiniones y sentimientos de los demás y a confiar en tu propio criterio. Jamás podrás gustarles a todos y llegará un momento en que esto deje de importarte, te lo prometemos.

Por el momento, vamos a ver cómo afrontar los retos que presenta la relación con los hijos de tu pareja.

Los retos de esta fase en relación con los hijos de tu pareja serán:

- ✓ Construir la relación con tus hijastros.
- ✓ Establecer las bases de la comunicación con tus hijastros.
- ✓ Aceptar que algunas cosas no son como esperabas.

Reto:

Construir la relación con tus hijastros

Después de todo lo que hemos visto, ya es evidente que construir la relación con tus hijastros es una tarea compleja y cargada de expectativas. ¿Cómo debemos abordarla?

10. Trata de mostrarte como eres

La presión por construir rápidamente un hogar hace que te preocupes más por ser la persona que crees que los demás quieren que seas que por ser tú. Sabiendo que es imposible soltarte al cien por cien, ten en cuenta que es necesario que te muestres poco a poco para que te conozcan, para que todos podáis relajaros y para que tengan la oportunidad de apreciarte por ser quien eres. **Si aún no te sientes segura para abrirte a nivel emocional, una buena manera de empezar es hablando de ti**: de tu historia, de tus proyectos y conflictos cotidianos, de tus ilusiones...

¿Cómo te ha ido el día?

Normalmente nos centramos en que los niños o adolescentes nos cuenten cómo les ha ido el día, pero también podemos romper el hielo contándoles algo sobre el nuestro. Si no infravaloramos su capacidad de entender, suelen interesarse por esa ventana que les abrimos al mundo adulto y es una buena manera de conectar.

Cuando todavía no conocía mucho a mis hijastros y teníamos que ir a por ellos al cole, si no iniciaba yo una conversación, o nos quedábamos en silencio o se hablaba de cosas que solo tenían que ver con ellos o su padre. Así que empecé a ser yo la primera que les preguntaba qué tal habían pasado el día y les contaba algo relevante del mío. Yo me interesaba por las actividades del cole y con qué amiguitos jugaban más para que pudiéramos tener una conversación fluida y ellos me preguntaban sobre las personas de mi entorno. Con el tiempo, ellos desarrollaron su forma de preguntar por mi día: «¿Qué has comido hoy?».

11. Elige actividades que te incluyan (y abandona las que no)

Sin forzarte a estar solo por y para tus hijastros cuando vienen a casa, lo cierto es que compartir algunas actividades forma parte del proceso de conocerse. A la hora de pensar en actividades juntos, **evita las que te van a hacer sentir más fuera de lugar y potencia las que te incluyen de manera natural**:

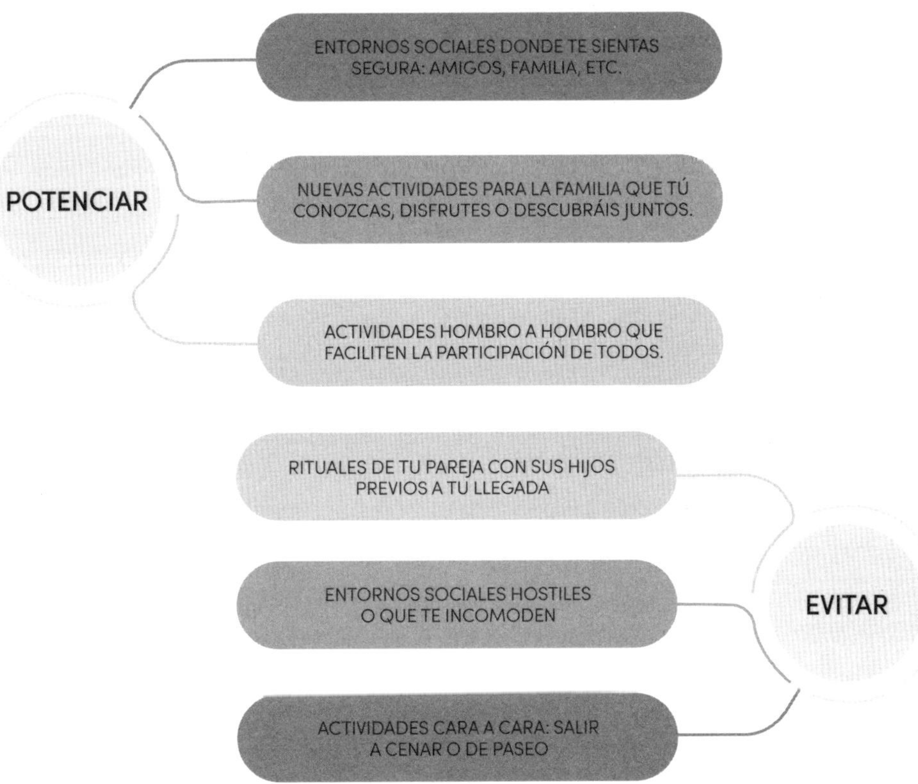

Cuando me fui a vivir con mi pareja, tuve que cambiar de ciudad y me dediqué a descubrir lugares donde refugiarme cuando lo necesitara. Así llegué a la biblioteca municipal, que me pareció PRECIOSA, incluso tenía una sección infantil tremenda y hacían teatro todos los sábados. ¡Y ni mi pareja ni el niño la conocían!

Total, que allá nos fuimos y allí el niño cogió el primer libro que leyó él solo: un cómic de Astérix. Ir a la biblioteca se convirtió en nuestro ritual familiar de los sábados y después lo complementamos con una sesión de ir a dar de comer a los patos y cisnes que había en un laguito cercano. Más tarde, también empezamos a leer los libros de la biblioteca durante las comidas para hacerlas más placenteras, pues eran momentos de auténtico drama, y funcionó. ¡Todos estos eran rituales nuestros y los había iniciado yo! Con estas cositas, en las que mi pareja me apoyó al cien por cien, empecé a sentirme parte de la familia.

12. Pon sobre la mesa la necesidad de crear una cultura familiar común

Al principio tu pareja tiene sus propias costumbres con sus hijos y tú tienes las tuyas, pero no existe un terreno común. No caigas en la trampa de intentar adaptarte sin más a su cultura familiar ni trates de borrarla. Hay varias estrategias para crear una cultura común:

- **Contarnos** los unos a los otros en qué consisten nuestras costumbres, su historia, de quién las aprendimos, a quiénes nos recuerdan o cómo se hacían las cosas en casa cuando éramos pequeños. Mostrar curiosidad.
- **Dejar espacio** para que cada uno honre sus costumbres previas.
- **Participar** los unos en las costumbres y rituales de los otros. Esto debe ir en ambos sentidos.
- **Hacer un mix** entre un ritual y otro, incluso ¡hacer los dos! ¿Por qué no hacer una Navidad con Reyes y Papá Noel, por ejemplo?
- **Crear** nuevas costumbres.

En mi casa siempre hemos aprovechado las temporadas de viento para salir y volar cometas. Para mis hijastros, un cometa era algo que volaba por el espacio creando una estela de gas. Así que me armé de valor, compré dos cometas de colores y nos marcamos una excursión al monte para enseñarles a volarlas. Conecté con mis recuerdos de infancia, cuando mi yayo me enseñó a mí. Y a ellos esa experiencia les marcó de una forma especial porque ahora, a la mínima que se levanta el viento, me preguntan: «¿Salimos con las cometas?».

Reto:

Establecer las bases de la comunicación con tus hijastros

Muchas madrastras acuden a la consulta con dudas sobre lo que pueden o no pueden decirles a sus hijastros. También expresan bloqueo porque a veces sus hijastros hacen cosas que les duelen, pero no se sienten autorizadas a expresar sus límites, así que se lo guardan y eso se va enquistando hasta el punto de que cualquier roce las hace estallar. **La sensación de no tener voz en casa es una de las que más malestar te puede llegar a causar como madrastra y, además, dificulta mucho la relación con los hijos de tu pareja.**

A falta de voz propia, es posible que, como primer recurso, intentes que sea tu pareja quien hable por ti. Quien «te defienda» cuando te sientes herida e impulse las normas que consideras necesarias para convivir. Es una estrategia que nace de la sensación de impotencia y que casi nunca tiene éxito, porque tu pareja no siente como tú, no tiene las mismas prioridades que tú y, al final, nunca está a la altura de tus expectativas. Esto resulta muy frustrante para los dos y termina distanciándote de tu pareja justo cuando más cercanía necesitas. Además, no permite que tus hijastros te conozcan de verdad, pues **toda relación se forja primero en la negociación de los límites, que es la base donde después puede crecer el afecto**.

Por este motivo, uno de los grandes retos en relación con tus hijastros es asentar las bases de la comunicación con ellos. Para ello vas a tener que saltarte algunas de las normas de la buena madrastra y, además, contar con la confianza de tu pareja. Es esta quien te dará el espacio necesario para probar y equivocarte hasta encontrar tu fórmula.

13. Elabora un plan básico de comunicación de límites

Si te sientes perdida sobre los límites que puedes expresar directamente y los que no, te presentamos una estrategia que ha ayudado a muchas madrastras. Se trata de dividir los límites en tres grandes ámbitos: **personales, de convivencia y educativos**.

Los límites personales hablan de cómo quieres que te traten y cómo quieres se traten tus cosas, tus mascotas o tus espacios. Este es un ámbito en que debes expresarte directamente con tus hijastros. No te pongas educativa con frases como: «Es de mala educación coger las cosas sin permiso», sino que debes ser abierta y directa, hablándoles de igual a igual: «Quiero que me pidas permiso si quieres coger alguna de mis cosas». Dar lecciones de vida no suele funcionar cuando eres madrastra, pero una expresión directa permitirá que tus hijastros sepan cómo relacionarse contigo y crearéis así una relación de respeto mutua. Además, decir «hasta aquí» te hace sentir poderosa y eso no tiene precio.

Los límites de convivencia se refieren a los espacios y tiempos que se comparten. Van desde las labores domésticas al uso de espacios de la casa o la gestión del tiempo. Este ámbito hay que trabajarlo en pareja: pactar normas, expresarlas en conjunto (mejor que tu pareja sea portavoz) y negociarlas con los niños. Así, después, si hay un incumplimiento, puedes hacer referencia a lo que se había pactado previamente. También puedes pedirle a tu pareja en un momento dado que sea él quien actúe para evitarte ese peso. La pareja es un equipo y hacer un frente común en estos temas refuerza esa idea, además de establecer las bases del funcionamiento familiar.

Los límites educativos se refieren a los criterios de crianza, que suelen variar mucho de una familia a otra. Incluyen modales, formas de vestir, pautas de higiene, horarios de sueño, maneras de gestionar los conflictos, uso de pantallas, planteamiento de tareas escolares, horarios de salida con amigos, etc. Si la relación con tus hijastros aún no está asentada o es tensa, es mejor que este ámbito quede a cargo de tu pareja y que tú no pretendas marcar muchas pautas en este sentido. Excepto, por supuesto, si hay algo que afecta a tu relación directa con los niños, lo que nos lleva de nuevo al ámbito de los límites personales. A lo mejor no intervienes en la gestión de las pantallas, pero en un momento dado puedes decir: «No me gusta que saques el móvil mientras estamos hablando, ¿puedes esperar a que terminemos?». Hacerte a un lado es dar espacio a tu pareja para ejercer su paternidad, e incluso su derecho a cometer errores.

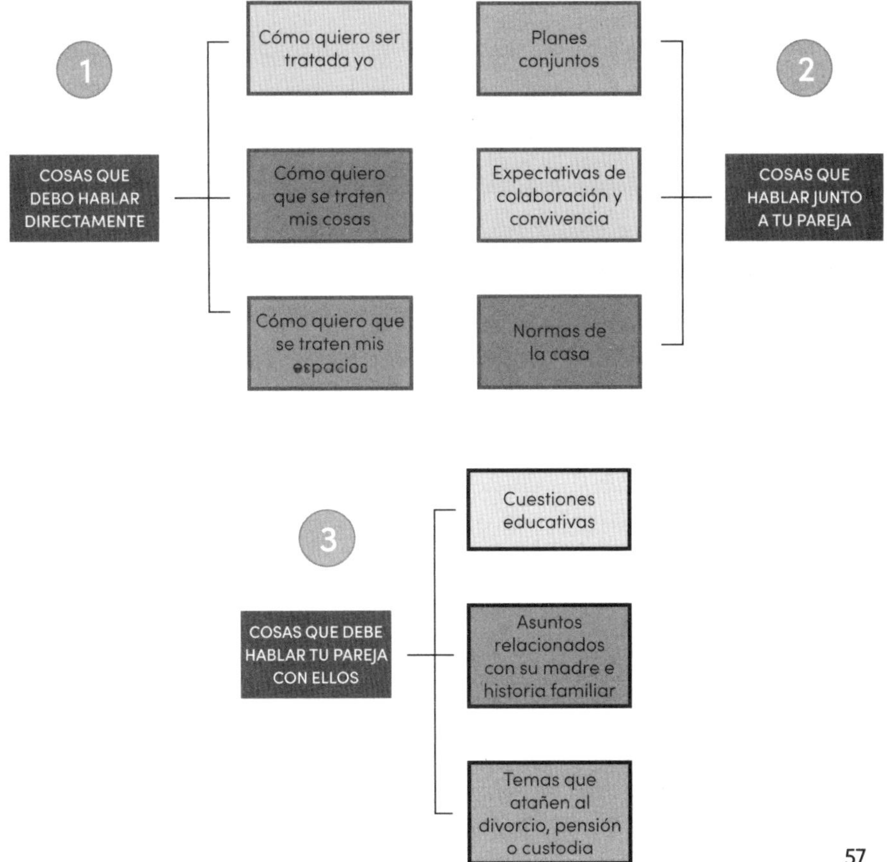

Antes mi pareja me pedía que gestionáramos el uso de pantallas de su hijo como equipo. Hicimos un plan y acordamos cumplirlo, pero, a la hora de establecer los límites de tiempo día a día, yo tendía a ser estricta y él flexible. Más de una vez me esforcé en bregar con el niño para que dejara la pantalla y me los encontré un rato más tarde jugando juntos en otro ordenador. Después de coger varios cabreos internos con mi pareja, decidí hacerme a un lado y dejar que él lo hiciera a su manera, que al final no era especialmente peor ni mejor que la mía. Cuando volvía a sentir la tentación de intervenir, tenía que recordarme a mí misma que yo no estaba ahí para educar al niño, sino para disfrutar de mi relación de pareja.

14. Gestiona el «mi mamá dice que...»

Los niños a veces son pequeñas bombas informativas que no podemos controlar. Ante situaciones totalmente aleatorias pueden sentir la necesidad de comparar lo que ocurre en las dos casas o contarte algo que sucede en el otro núcleo. Es la forma que tienen de honrar a sus figuras de apego y lo más probable es que también lo hagan en la otra casa, pero la forma en la que se expresan suele llegarte como un mensaje repelente.

«Mi mamá dice que...», «Mamá lo hace así...», «La tortilla de patatas de mamá está más jugosa». Es normal que después de estar haciendo grandes esfuerzos para ganarte su confianza y afecto te salgan con que su madre cocina mejor o con que su madre es la más guapa del reino, cosa que te sabe a cuerno quemado. Bastante presente está ya su madre en tu vida como para que vengan a contarte sus bondades.

Pero saber recibir y gestionar este tipo de información es lo que de verdad va a marcar la diferencia sobre la relación que construyas con tus hijastros.

1

Ten paciencia: respeta la necesidad de expresión de tus hijastros, pero también respeta tus tiempos. Si no puedes acogerlo en ese momento, pide una pausa: «Ahora no puedo atenderte, ¿me lo cuentas luego?».

2

Ten empatía: es normal que necesiten traer a su madre a las conversaciones, hazles un hueco seguro para ello. Si sientes algunas dificultades para hacerlo, apóyate en tu pareja. Quizás sea un tema que es mejor no hablar contigo, y no pasa nada.

3

Cuida las palabras y los gestos: pueden ser fuente de mucho dolor. Agradece la información compartida y evita contraatacar con otras comparaciones o desprestigiando a la otra persona. Evita poner los ojos en blanco o soltar coletillas venenosas.

4

Establece tus límites: si no estás para tener paciencia, ni empatía, ni cuidar las palabras, pídeles que «las cosas de su mamá» las hablen con tu pareja, o directamente pon humor al asunto, que es una de las mejores maneras de zanjarlo.

Durante un tiempo escuché «mi mamá dice que...» una media de quince veces al día, hasta que un día ya no pude controlar más el tic que me daba en el ojo cada vez. Me pasó cortándole las uñas de los pies a uno de mis hijastros. Resulta que mamá consideraba que yo no lo hacía correctamente y que estaba atentando contra la salud podológica de los niños y así se lo hizo saber a ellos. Yo no podía más. No quería pagarlo con el niño, pero le dije de todo corazón que, si su madre sabía hacerlo mejor que yo, que la invitase a venir a casa a darme una clase magistral de cortado de uñas. Mamá no volvió a decir nada nunca más. Una pena.

15. Si empiezan a confiarte sus problemas, escucha sin responsabilizarte de ellos

En ocasiones, los hijastros te eligen y te conviertes en una figura de confianza para ellos. Pueden encontrar en ti a una figura adulta y cercana, pero con quien no tienen los mismos líos que con sus padres, y volcarse en ti como confidente puntual o habitual.

Esto es todo un honor, pero a la vez puede convertirse en una carga emocional importante. Mientras deseas ser ese espacio de confianza pensando que es una muestra de que la relación entre vosotros evoluciona a mejor, no caes en la cuenta de que **corres peligro de cargarte con la responsabilidad de intervenir en aspectos que escapan a tu control. Sobre todo cuando el tema afecta a sus padres.** Es difícil escuchar y preocuparte sin caer en la tentación de intentar cambiar las cosas, y eso es algo que va directo a tu mochila emocional.

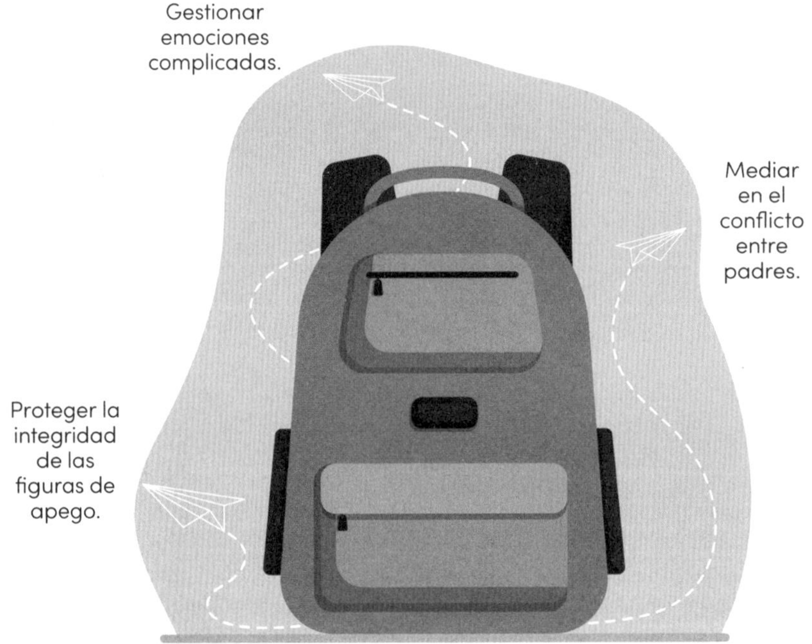

Si estás cargando con el peso de ayudar a gestionar las emociones de tus hijastros y sientes que estás a punto de desbordarte, recuerda que:

- **No tienes que gestionarlo todo ya:** hay experiencias que se sienten más urgentes de lo que son en realidad y dejarlas reposar ayuda a verlas con más claridad.

- **No es necesario que lo recojas todo:** más todavía si sientes que estás a punto de explotar. Es mejor descansar que explotar.
- **No gestiones lo que no te corresponde:** es poner tiritas en un tanque de agua a punto de reventar. Deriva hacia las personas interpeladas, por ejemplo, los padres, y que sean ellos quienes busquen soluciones.
- **No todo tiene solución:** a veces ayudar a entender y aceptar que las cosas son así y que en este momento no tienen solución es el mejor recorrido para ayudarlos a crecer. A veces escuchar sin intervenir es lo mejor que puedes hacer.

> Me convertí en la confidente de mi hijastro y a menudo me contaba situaciones que vivía con sus padres que le resultaban muy desagradables. Yo siempre intentaba preservar la buena imagen de ellos mediante palabras disuasorias: «Venga, no pasa nada. Ya verás como todo se soluciona. Seguro que al final te ayudan», etc. Pero en realidad estaba intentando tapar las dificultades que tenían sus padres para entender a su hijo. Me di cuenta de que tapar lo evidente no me estaba ayudando a mí y que a la larga perdería su confianza. Así que le dije la verdad: «Lamento mucho que estés viviendo esto, pero tus padres son así y hay que aceptarlos tal y como son. Aunque no te gusten a veces. Puedes desahogarte conmigo todo lo que necesites».

Reto:

Aceptar que algunas cosas no son como esperabas

Muchas madrastras pasamos tiempo sufriendo porque nuestros hijastros no nos quieren o no aprecian nuestros esfuerzos, pero no reconocemos que, en el fondo, nosotras tampoco los amamos y apreciamos con la devoción que esperamos recibir de ellos, por

mucho ahínco que pongamos en ello. La realidad es que apenas nos conocemos y ya estamos conviviendo, las relaciones necesitan mucho más tiempo del que imaginamos. Pretender que esto sea distinto es caer en el mito del amor automático y todopoderoso, el cual crea unas expectativas absolutamente irreales.

Ponle fin al mito del amor todopoderoso

El amor no es un superpoder que transforma la familia enlazada en una familia nuclear.
El amor no se activa a voluntad y tiende a escurrirse si hay presión.
No amamos a alguien porque sea hijo de alguien a quien amamos.
Tampoco amamos a alguien porque haga muchos esfuerzos por gustarnos.
El amor puede tener muchas formas y necesita una base de familiaridad, respeto y confianza compartidos.
El amor no significa que cuidar ya no nos cueste esfuerzo y que debamos asumirlo como responsabilidad.
Los cuidados que damos sin amor no valen menos: nacen del compromiso, algo fundamental en la familia enlazada.
El amor no es el único sentimiento que nos puede unir como familia.

Hace muchos años, en un momento de dolor, mi pareja pronunció una de esas frases que tanto tememos las madrastras: «¿Por qué no puedes querer a mi hijo?». Vi su dolor, pero no podía aceptar que mi posición con respecto a su hijo se viese desde la falta, teniendo en cuenta que me había dejado la piel en ella. Así que le respondí: «Seguramente no amo a tu hijo de la manera que te gustaría y eso es algo que no puedo controlar a voluntad. Lo que sí puedo controlar es mi compromiso y estoy totalmente comprometida con su bienestar. Velo todos los días para que se sienta a gusto en casa, para que esté bien cuidado y para que pueda cultivar su relación contigo, y eso tiene mucho valor».

Renunciar a la idea del amor todopoderoso es el primer paso para poder despedirte de la esperanza de mantener con tus hijastros una relación que ahora mismo no es posible.

Porque, mientras sostienes unas expectativas irreales, no puedes crecer en la familia enlazada ni tener una relación de pareja que te llene ni, mucho menos, cuidar de tu salud mental.

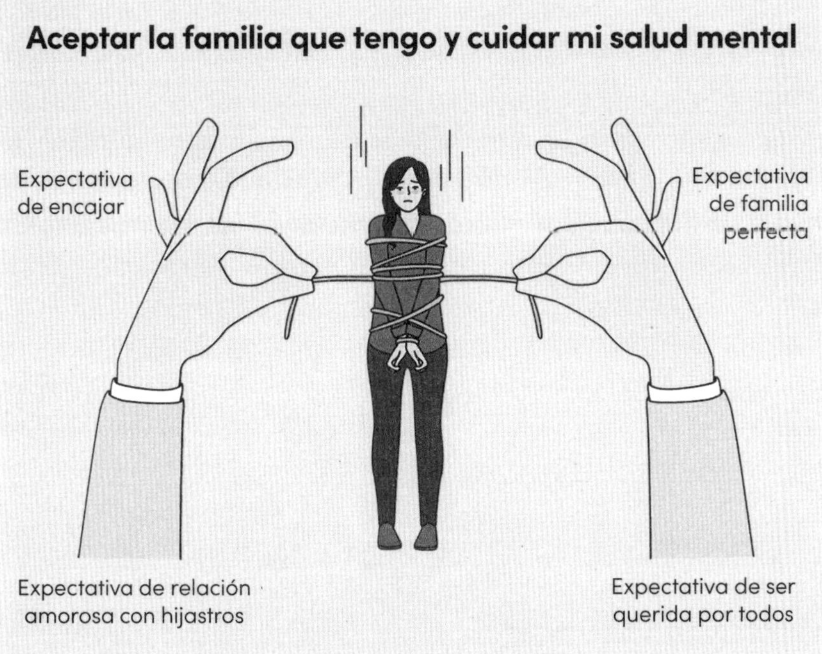

16. ¿Cómo puedes aceptar a los hijos de tu pareja?

Esta es una de cosas que más nos preguntan las madrastras en la consulta. Lo entendemos, es casi imposible no empezar la relación con el ideal de la familia unida. Además, quieres darle esa alegría a tu pareja y deseas que la madrastridad deje de pesarte. Es cierto que aceptar a tus hijastros no soluciona todas las dificultades que puedes vivir como madrastra, pero desde luego allana una buena parte del camino. Por eso quieres lograrlo cuanto antes. Ojalá hubiera un botón para hacer clic y sentir amor a chorro, ¿verdad?

Por desgracia, no funciona así. Si algo hemos aprendido es que **no puedes aceptar a tus hijastros sin antes reconocer y aceptar los verdaderos sentimientos que te despierta la madrastridad**. Una madrastra que se está forzando a sentir algo que no siente y a actuar de una manera que no le nace, que se avergüenza de sus verdaderas emociones hasta el punto de esconderlas, no puede aceptar a sus hijastros. No es solo por cómo sean ellos (cosa que también influye, claro), sino sobre todo porque su presencia la pone en una posición de rechazo hacia sí misma que con el tiempo se hace insoportable.

Por este motivo, **si quieres avanzar hacia la aceptación de tus hijastros o, dicho de otra manera, hacia la aceptación de tu madrastridad, es importante que busques un entorno seguro donde expresar cómo te sientes de verdad**. Para empezar, te hemos preparado una tabla donde puedes hacer una primera toma de contacto contigo misma. Tranquila, no la va a ver nadie más que tú.

¿Cómo me siento?	Triste	Cabreada	Agobiada	Contenta	En paz
Antes de que lleguen a casa					
Compartiendo actividades en familia					
Cuando estoy a solas con ellos					
Haciendo tareas domésticas para ellos					
Cuidándolos si mi pareja trabaja					
Compartiendo espacios de la casa					
En desayunos, comidas y cenas					
Comunicándome con ellos					
Cuando se van					

Poner sobre la tabla tus sentimientos te ayudará a reconocerlos y aceptarlos. ¿Verdad que no son emociones tan demoníacas como temías? **Ten en cuenta que aceptarte a ti misma es el primer paso para aceptar a tus hijastros y a tu familia tal como es.** No tienes que cambiarte para encajar mejor ni tienes que presionarte para no sentirte así: acoger tus emociones sin juzgarlas te ayudará a definir poco a poco de qué forma quieres y puedes ser madrastra. Tranquila, es algo que trabajaremos en profundidad en la siguiente fase.

17. Tu posición no es equivalente a la de tu pareja

Es una verdad más que evidente, pero puede llegar a demolerte a nivel emocional.

Seguro que te ha pasado alguna vez: tu pareja tiene un conflicto con sus hijos o su ex y tú lo sientes como un profundo ultraje. Te enciendes como una antorcha y, cuando estás en el punto álgido del cabreo, a tu pareja ya se le ha pasado el enfado, vuelve a estar en tono amistoso con ellos y tú te quedas colgada.

Otra situación que quizás has vivido: ocurre algo con tus hijastros que te enciende, pero no te atreves a decir nada por miedo a cargarte la relación. Acudes a tu pareja para que haga algo y él, que se siente abrumado por el peso de tener que mediar, te responde que por qué no les dices tú las cosas directamente, que tú también puedes hablar. Otra vez te quedas colgada, tratando de hacerle entender a tu pareja que el precio que pagas cuando abordas un conflicto con sus hijos es mucho más alto que el que paga él.

El problema de fondo es que ambos tenéis posiciones muy distintas y, como son temas que a ambos os afectan profundamente, es difícil sentir empatía con el otro. ¿Cómo se alivia esta tensión?

1. Evita implicarte en conflictos que son de padre e hijos o de padre y madre y que no te afectan directamente a ti. Sabemos que al principio te cuesta la vida poner el freno, pero vale la pena porque hay un 99 por ciento de posibilidades de que seas tú quien salga escaldada.

2. Déjate impregnar un poco por la actitud de tu pareja: él ya ha asumido que la relación con sus hijos o con su ex tiene aristas y no dedica mucha energía a luchar contra ello. Tú aún mantienes la esperanza de que esas aristas desaparezcan y pones todo tu empeño en lograrlo. Sin embargo, tu pareja tiene más experiencia en discernir lo que es posible cambiar y lo que no. Además, tiene parte de razón en que dispones de más margen para hablar con tus hijastros de lo que piensas y que es un paso que debes dar.

3. Pídele unos mínimos a tu pareja:

a. Que no te desautorice cuando te decides a hablar con sus hijos. Si tiene algo que comentar, lo puede hacer a solas contigo y con respeto.

b. Que asuma que es cierto que para ti tiene un coste más alto abordar los conflictos y se preste a echarte un cable cuando sea necesario.

c. Que, si hay algo que también te afecta directamente a ti, se remangue contigo para buscar juntos alternativas. No hay que limar todas las aristas, pero quizás sí alguna que haga la vida un poco más sencilla para ti y, de paso, también para él.

Al principio implementé un montón de medidas educativas porque algunas de las cosas que ocurrían en casa no me gustaban en absoluto. Un día hubo un conflicto tremendo entre padre e hijo y le dije a mi pareja, con el corazón en la mano, que no podía soportar que las cosas entre ellos llegaran a descontrolarse hasta ese punto. En eso me hizo caso y no ocurrió nunca más, pero en otras cosas no fue tan diligente y pasé mucho tiempo enfadada con él o haciendo el papel de la mala con mi hijastro. Nos costó tiempo encontrar un punto medio. Al final, mi pareja se implicó en algunos de los cambios que yo quería hacer, yo aprendí a soltar muchas batallas y a pedirle ayuda solo de manera puntual. Con el tiempo me di cuenta de que nuestra capacidad como adultos para modificar las conductas infantiles es limitada y que poner demasiado peso en corregir termina dañando la relación con los pequeños. Es algo que aprendí de la actitud de mi pareja y que me permitió dejar espacio para poder apreciar a mi hijastro tal como era.

18. Asume los conflictos de lealtad

Una de las grandes dificultades que viven los niños cuyos padres están divorciados es encontrar la forma de honrarlos a los dos como figuras de apego.

Los niños necesitan hablar de sus progenitores en positivo para sentirse seguros bajo su cuidado, desarrollarse correctamente y formar su autoestima. Al final, ellos provienen mitad de su madre y mitad de su padre.

Cuando la pareja se separa, en especial si lo hace con mucho conflicto, una de las cosas más duras para los pequeños es ver que sus progenitores ya no se valoran el uno al otro. Eso daña la imagen interna que tienen de ellos y necesitan restaurarla a toda costa.

En este sentido, los conflictos de lealtad son casi inevitables y pueden surgirles dudas: «¿Cómo puedo querer y pasarlo bien con alguien que no valora a mi madre? ¿Significa que yo tampoco la valoro? ¡Pero esto no lo puedo soportar!» o «¿Cómo puedo divertirme con la nueva pareja de mi madre cuando mi padre está dolido y solo?». Para contrarrestar este malestar, los niños adoptan estrategias como:

- Contarte las bondades de su otro progenitor.
- Poner en valor lo que hace el otro progenitor, a veces comparándolo con lo que aportas tú o tu pareja.
- Tratar de que te hagas amiga de su madre.
- Distanciarse de ti o evitar divertirse contigo.

¿Qué puedo hacer si detectamos un conflicto de lealtad?

1 Si existe un conflicto de lealtad, tus hijastros van a tener necesidad de expresarse y poner en valor la otra casa. Ofréceles un espacio sin juicios para hacerlo si te sientes fuerte para recogerlo.

2 Los mensajes sobre su madre van a llegar totalmente magnificados y mitificados. La tentación de desmentir o confrontar esta realidad es grande, pero no caigas en la trampa y permítele que tenga esa imagen de su madre, aunque no sea real. Desidealizar no es tu labor.

3 Muchos de los mensajes se crean sin pensamiento crítico detrás, como contestadores automáticos. Insta a la reflexión: «¿A ti realmente te gusta esto?».

4 A veces la forma de mantener la lealtad hacia la madre es ser grosero contigo. No permitas que el trato hacia tu persona sea degradante. Sostén tus límites personales aunque los demás sientan que «no es para tanto». A la larga lo agradecerás.

5 Si el conflicto de lealtad es muy marcado y dificulta el libre desarrollo de una relación entre vosotros, no presiones. Mejor centrar la atención en ti y dejar que cada uno haga su proceso. No fuerces la interacción ni intentes corregir las malas respuestas.

6 Deja que tu pareja gestione. Al final, quien puede ayudar en los conflictos de lealtad es justamente él. Como figura paterna, seguramente se esté viendo denostado a causa del conflicto de lealtad y es posible que necesite recuperar su estatus y buena imagen. Esto conlleva una mejora de la relación con sus hijos y puede resultar un reto. Si es así y necesita ayuda, aquí estás tú.

En el punto en el que estás, seguramente no te resulta plato de buen gusto que te hablen de las maravillas y bondades de la madre o que te comparen con ella, pero es una parte de la familia enlazada que es necesario aceptar. En el fondo, no es algo contra ti, sino a favor de la imagen interna de sus padres, que es vital para la criatura.

Del conflicto de lealtad a la interferencia parental

Así como el conflicto de lealtad es inevitable y tiende a aliviarse con una buena gestión de los adultos, **la interferencia parental consiste en acciones deliberadas por parte de los adultos que ahondan en este conflicto y dañan la imagen del otro progenitor**. Por supuesto que todos podemos tener una fuga de bilis en un momento dado, pero hablamos de interferencia parental cuando se trata de una estrategia sostenida en el tiempo de desprestigio del otro progenitor y su nueva pareja o de instrucciones de rechazar o vejar a los miembros del otro hogar. **Un padre o una madre que ejerce interferencia parental no les da permiso a los niños para valorar a la otra figura**, bajo amenaza implícita o explícita de retirarle el amor o los cuidados. Constituye una forma de violencia parental y, si os encontráis con esta situación, es recomendable buscar ayuda profesional para gestionarlo como pareja.

Un día, sin venir a cuento, mi hijastro se echó a llorar y me contó que su madre llevaba tiempo diciéndole que yo no soy nadie y que nuestra relación no vale nada. Había intentado hacerle caso a su madre y que nuestra relación no fuese significativa, pero me reconoció que lo pasábamos muy bien juntos. Su deseo era que pudiésemos vivir todos en la misma casa y que fuésemos amigos. Lo único que necesitaba era que su madre y yo nos llevásemos bien. Él quería que fuéramos amigas. Se me partió el alma.

2. Lo social: tu estatus fuera de la familia

Quizás no esperabas que la vida social de tus hijastros tuviera tantos frentes: abuelos, tíos, amigos... Además también abarca la vida escolar, las actividades extraescolares y, por supuesto, las celebraciones (Navidad, verano y cumpleaños). Quizás tampoco esperabas que todos estos espacios fueran a suponer un popurrí de miradas expectantes para evaluar tu comportamiento con ellos. Para colmo, sientes que cualquiera tiene el poder para cerrarte puertas de esta esfera social y que cualquier fallo te puede condenar al ostracismo. Como si tuvieras que probar tu valía personal y la validez de tu relación de pareja en cada uno de los ambientes de tus hijastros. Es agotador.

La familia extensa

Una de las pruebas de fuego es encajar en la familia de tu pareja, es decir, tu familia extensa. En el mejor de los casos, la familia y las amistades de tu pareja te compran el papel de madrastra fantástica (que quizás tiene un poco de máscara) y están maravillados con lo bien que te ven con los niños. En el peor, el entorno de tu pareja todavía no ha superado la separación y, a pesar de tus esfuerzos, no te reconoce como parte de la familia. En medio, hay una infinita gama de grises. Sea como sea, es un momento delicado porque la familia te observa con lupa, muy atenta ante cualquier cosa que pueda afectar a sus nietos o sobrinos y al padre de estos, es decir, tu pareja. Mientras, tú te sientes más expuesta que nunca y tienes una gran necesidad de ser acogida.

Dudas razonables de la familia extensa

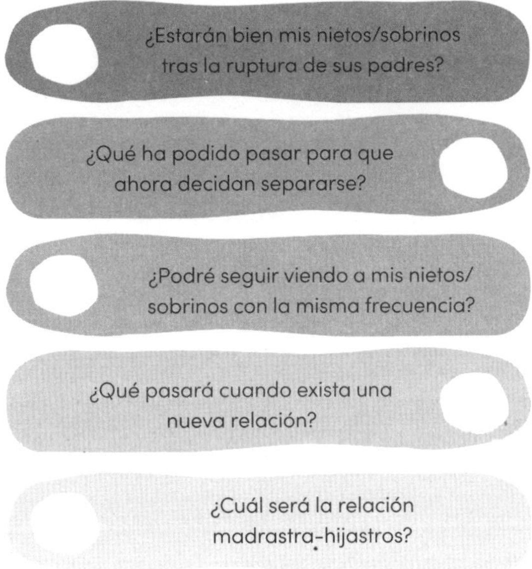

El mayor impedimento que se puede presentar es que la familia extensa no haya digerido la separación y sienta que **acogerte a ti es una deslealtad hacia la madre de sus nietos o sobrinos**. También es posible que vean la separación y la llegada de una nueva pareja como un peligro para el bienestar de los pequeños y quieran protegerlos de todos esos cambios.

A veces, tardas en darte cuenta de que tus suegros y cuñados también deben atravesar un duelo para poder abrirse a la nueva realidad familiar y acogerte a ti en ella. Un duelo que, dependiendo de la historia y los valores de cada familia, se puede complicar muchísimo y durar años o décadas, sin que tú o tu pareja podáis hacer nada al respecto.

Entrar en casa de mi suegra era como entrar en el museo de la tortura. Todo estaba lleno de fotos de su hijo con la ex, felizmente casados. Yo fingía que no me importaba y ahí estábamos todos, con el elefante en el salón. A día de hoy, mi suegra ya no tiene esas fotos colgadas, pero tampoco tiene fotos de nuestra boda.

Tu familia de origen

Al mismo tiempo, coexiste otra institución familiar: tu familia de origen. Ellos comparten parte de los valores de tu familia extensa, pero lo viven desde otra perspectiva. Quizás te dicen cosas como: «¿Estás segura de que quieres formar "ese" tipo de familia y no una "de verdad"? ¿Una que sea "tuya"?» o «¿No te estarás buscando demasiados problemas?».

Si contarles que has decidido convivir con alguien que tiene hijos ya cuesta, aún es más difícil presentarte ante ellos con tus hijastros, tratando de encarnar al mismo tiempo tu yo de antes (el que ellos conocen) y tu yo de madrastra (que es el que conoce tu nueva familia), ¡que pueden ser muy distintos!

Como tu familia y tus amigas te conocen, puede llegar a darte vergüenza que te vean desempeñando el nuevo papel que has asumido y, además, sabes que se van a oler tu sobreesfuerzo. Sabes que en algún momento te van a decir: «No te reconozco» y que por dentro te sentirás ridícula por haber renunciado a ti misma por un chico. **Temes que te cuestionen cuando tú misma estás en un mar de dudas que no puedes reconocer.** Lo cierto es que posiblemente tu familia y tus amistades estén preocupadas por ti y quieran apoyarte, pero no encuentren una forma de hacerlo que te guste o te ayude. En este momento en el que estás sosteniendo lo imposible, un cuestionamiento, por más que surja de la genuina preocupación y amor por ti, hace que tu seguridad se tambalee como un castillo de naipes.

Una de las cosas que más me costó fue juntar a mis padres y a mi hijastro, es decir, hacer a la vez de hija y de madrastra. En ese momento, yo sostenía el papel de madrastra con hilos, a costa de una gran ansiedad, y no quería que mi familia me viese tan precaria. No quería que cuestionaran mi decisión. Además, presentarme con mi nuevo rol ante alguien que me conocía de antes era poner en evidencia el papel de seudomadre que había construido a toda prisa para tratar de encajar. Supongo que temía que su mirada reflejara todos los puntos dolorosos que trataba de obviar para seguir adelante con mi nueva relación.

El apoyo tóxico

Buscar apoyo y confort en nuestro entorno cuando lo estamos pasando mal es una reacción normal. Necesitamos validación, escucha y mimos por parte de quienes nos quieren. Sin embargo, la madrastridad todavía es un tabú y eso hace que nuestro entorno no sepa cómo interpretar lo que estamos viviendo. Ante ese desconcierto, es muy posible que, en vez de arroparnos, terminen cayendo en el apoyo tóxico.

Hay muchas **formas de apoyo tóxico,** como:

- **Preocupación:** «¿Estás segura de dónde te estás metiendo?», «Hija, si tú lo ves claro...», «Con todo lo que has trabajado para sacarte la carrera, ¿ahora lo pones todo en pausa por esta relación?».
- **Cuestionamiento:** «Si no te aceptan, quizás tienes que esforzarte un poco más», «Es que con tu carácter...», «Claro que te cuesta, no eres madre».
- **Validación absoluta, cero crítica:** «Haces bien pasando de ellos, se están portando fatal contigo», «Tía, la ex de tu pareja ESTÁ LOCA», «Madre mía, lo que estás aguantando. Yo los mandaba a la mierda a todos».

- **Minimizar:** «No es para tanto», «Pero si los niños te adoran, no entiendo por qué te pones así» o «Déjalo y no te compliques la vida».
- **Justificar las actitudes que te dañan:** «Es que tienes que entender que un divorcio es muy difícil», «Pobres criaturas, han perdido a sus padres», «Es normal que la ex se sienta así, ha perdido a su compañero», «Tienes que ceder un poco y entender que tú eres la adulta».

Todas parten del deseo de ayudar, pero son poco efectivas a la hora de cuidar la conexión, ya que no están basadas en la empatía con tu situación ni en la confianza en tu capacidad de decisión, sino en el miedo, el prejuicio o la incapacidad de estar ante tu malestar sin tratar de borrarlo.

Por todos estos motivos, es posible que rehúyas los encuentros con tu familia y tus amigas, o que trates de mantenerlas separadas de tu nueva familia. Sin embargo, esto termina dejándote aún más sola e incomprendida.

El camino de reconocimiento frente a familia y amigos es duro y de tránsito solitario, por mucho que tu pareja trate de apoyarte. **Pero, a pesar de la dificultad, ponerte frente a algunos de tus seres queridos va a ayudarte a encontrar el balance entre las exigencias de tu nuevo rol y la lealtad a ti misma.** Su mirada va a recordarte quién eras y quizás, en algún momento, ese sea el resorte que te ayude a frenar el sobreesfuerzo.

Tardé meses en reconocer ante mis padres que mi nueva pareja tenía hijos. Sentía un miedo atroz a que lo descubriesen porque no sabía cómo iban a reaccionar, pero sentía que tampoco podía seguir ocultándolo. Al final me armé de valor y decidimos organizar una videollamada con mi madre, mi pareja y sus niños. No encontraba las palabras para explicarle la situación a mi madre, así que le dije: «Bueno, tú mira el ordenador». Y de pronto aparecieron dos bebotes rechonchos saludando y muy contentos de vernos a través de la pantalla. Mi madre quedó encantada. Desde aquel momento, pasó a ser la yaya. Para mí fue un poco más difícil porque no me descubrí ante mis amistades hasta varios meses después de estar desaparecida. Algunos amigos lo entendieron y otros no. Hubo amistades que se rompieron por el camino.

Presentarte en sociedad

Igual que tratas de integrarte en la familia de tu pareja, también dedicas grandes esfuerzos a entrar en su mundo social y el de sus hijos. Porque digámoslo claro: **tu lugar en la familia no es real hasta que no se presenta ante el mundo**. O así lo sientes tú. Necesitas reafirmar tu papel más allá del círculo íntimo y esto te lleva a querer participar en los espacios sociales de tus hijastros, en especial si son pequeños: la escuela, el parque, los cumpleaños, las quedadas con amiguitos y sus familias, etc.

Tras meses conviviendo, compartiendo aventuras y desventuras, cocinando y ayudando en lo que puedes, empiezas a sentir que te has ganado el derecho a formar parte de la *socialité* de tus hijastros. Pero, cuando te presentas, enseguida detectas que eres como un fantasma que nadie puede ver.

La capa de la invisibilidad

Como en Harry Potter, cuando te conviertes en madrastra, se te otorga la capa de invisibilidad, pero en las instrucciones no te cuentan cómo quitártela. Parece que vas a estar por siempre condenada a vagar por los cumpleaños y eventos del cole como un fantasma. **La figura de la madrastra es tan incómoda que muchas personas optan por excluirte o ignorarte. Te conviertes en «La Que No Debe Ser Nombrada».** La sociedad todavía no tiene un hueco para ti y mucho menos está preparada para apreciar la importancia de tu rol en la familia. **Eso es lo que provoca tu sensación de invisibilidad** y repercute, evidentemente, en la relación con tus hijastros. Si los adultos de referencia te ignoran y no existe una palabra aceptable para nombrarte, ¿cómo pueden aprender los niños a darte un lugar en la familia? **Muchas veces, incluso aunque tus hijastros te quieran, terminan borrándote inconscientemente emulando la actitud de su entorno social.**

¿Cómo puedes avanzar en la esfera familiar y social de tus hijastros sin terminar peleada con el mundo o atacada de los nervios? Veamos los retos que se nos plantean en este ámbito y cómo movernos en él como reinas.

Los retos de esta fase en relación con lo social serán:

✓ Entrar en el entorno familiar y social de tu pareja y sus hijos.
✓ Entrar en el colegio y entornos públicos.
✓ Definir tus límites: hasta aquí hemos llegado.

Reto:

Entrar en el entorno familiar y social de tu pareja y sus hijos

Igual que en la relación con nuestros hijastros, construir nuestra relación con el entorno familiar y social conlleva tiempo y una cierta dosis inevitable de malestar. Es como ser la nueva en el cole, pero de mayor y llevando un cartelito que dice: «Madrastra malvada». La gran diferencia es que ahora eres una mujer adulta y tú puedes con esto.

19. Acepta ser la nueva en el patio y déjate conocer

En vez de pelearte con esa horrible sensación de «¿qué hago yo aquí?», asúmela como parte del proceso. No esperes que se disuelva pronto ni que tu pareja abra el camino por ti. Te abrirá las puertas de su mundo y te dará la mano cuando lo necesites, pero eres tú quien debe atravesarlas (al ritmo y en la medida que puedas asumir).

Por suerte, siempre hay quien pasa de etiquetas, se alegra genuinamente de que tu pareja esté feliz contigo y se acerca con ganas de conocerte. Esta es la gente que vale la pena tener cerca. En cuanto a los demás, es inevitable que encuentres personas que son presa de prejuicios o sienten una especial lealtad con la madre y se aprovechan de que eres la recién llegada para tratar de excluirte. Porque admitámoslo: **tanto en la familia como en el círculo de amigos de tu pareja existe una jerarquía y en este momento eres el último mono. Pero quien se dedica a recordártelo solo está mostrando que se siente amenazado por ti o por lo que representas.**

INSTITUCIÓN FAMILIAR

Jerarquía de los miembros familiares

Cada vez que experimentes el agobio de no saber qué decir o cómo comportarte, respira hondo y recuerda que solo es una fase y que pasará. Mira a tu alrededor, aprende de lo que ves y déjate llevar. **No tienes que demostrar nada.** La etiqueta de madrastra solo pesará en quien no pueda sobreponerse a ella. A ti te vale con ser tú y puedes mostrarte tímida si lo necesitas, pero no dejes de estar.

El patito feo

Cuando la presión por brillar en un entorno social se vuelve muy asfixiante, tendemos a evitar la exposición. La sensación de no estar a la altura de las circunstancias o la falsa creencia de que estamos siendo juzgadas de manera constante genera mucho malestar y huir es la salida más fácil. Pero también es verdad que el efecto de ser la nueva dura un tiempo limitado y se acortará en la medida en que dejes que los demás te conozcan y tú los conozcas a ellos. **Si prescindes de los eventos sociales en los que eres nueva y te conviertes en el patito feo del rincón, nunca cederá la incomodidad de estar en terreno desconocido.**

20. ¿Y tú quién eres?

¿Puede haber pregunta más repetida para una madrastra y con una respuesta más difícil? Te lo preguntan a ti sin rodeos, se lo preguntan a tus hijastros, te lo preguntas tú misma o te confunden directamente con la madre y tienes que decidir cómo actuar en un plazo de tres segundos.

Ocupar un rol que no está ni reconocido ni autorizado en la familia te pone ante una difícil decisión en la que ninguna alternativa es del todo buena.

Pero tienes varias opciones:

a. **Afirmas tu auténtico rol**, el de madrastra. Aceptas que tienes una vinculación familiar con los hijos de tu pareja y asumes la carga del estigma que conlleva.
b. **Reproduces otros roles** (tía, amiga, madre, etc.), lo cual te quita peso durante un tiempo y puede llegar a ser cómodo, pero

tiene la pega de dejarte eternamente en la zona indefinida del «soy como...» sin terminar de serlo.

c. **Te defines como la novia de papá**, cosa que puede ser una buena opción si no quieres vincularte especialmente con sus hijos, pero que invisibiliza tu relación directa con los niños si la hay.

d. **Inventas un nombre propio** o asumes el que te den tus hijastros, sabiendo que es un código que solo sirve entre vosotros y que habrá que seguir explicándoselo al mundo.

e. **Te quedas sin definición** y con la sensación interna de que no eres nadie.

La pregunta sobre quién eres te la plantea el entorno social, pero en realidad es una pregunta interna. ¿Cómo te sientes con respecto a esta nueva familia? ¿Qué rol quieres y puedes desempeñar en ella en este momento? Al definirte, estás nombrando tus vínculos, tu posición en la familia, y también estás eligiendo un imaginario de expectativas, derechos y deberes. No es lo mismo ser la madrastra que la novia de papá, o que ser «como una tía» o «como una madre».

Nadie puede ni debe responder esta pregunta por ti, ni siquiera tu pareja, y no hay ninguna respuesta incorrecta, excepto una: que no eres nadie. **No permitas que el mensaje de que no eres nadie cale en ti, porque es la semilla del abuso: primero anula tu voz, después tu autoestima y finalmente tu capacidad de establecer límites. Te definas como te definas, recuerda que antes que tía, madrastra o novia, eres mujer y eres tú.**

Cada vez que alguien me confundía con la madre de mi hijastro, él se ponía de todos los colores. Lo vi infinitas veces tratando de explicar en el parque, en el súper, en el colegio o para sí mismo quién era yo. Fui la «prima» de su padre, «una amiga de mi padre que vino de Barcelona y que es adulta», fui la «marida» de los dos, fui una especie de hermana (porque me hablaba de mi pareja como «nuestro padre») y fui «la que me cuida». Pasó un tiempo antes de que me sintiera preparada para elegir una definición propia y recuerdo perfectamente el día en que lo hice, porque se la di a él y a la vez me la di a mí misma.

Después de una tarde en el parque, mientras lo ayudaba a salir del coche, le dije: «¿Sabes?, yo soy tu madrastra, porque soy la pareja de tu papá y tú eres mi hijastro, porque eres el hijo de mi pareja». Él se quedó pensativo un momento, pues claramente mi explicación no había sido suficiente y me preguntó: «¿Qué es una madrastra?». Creo que ni él ni yo sabíamos el calado que iba a tener esa pregunta en mi vida.

21. Tu pareja en tu entorno social

Si tu pareja tiene hijos y convives con ellos, es imposible evitar el contacto con su entorno social. Tarde o temprano, irás al parque, al cole, de paseo por el barrio, a casa de los abuelos, vendrán amigos a casa, etc. La exposición es inevitable y está cargada con el miedo a no ser aceptada.

Este puede ser uno de los retos más complicados como madrastra que entra en sociedad porque hacerse notar en un entorno que en principio no está abierto a prestarte atención es una tarea titánica. Se activan una serie de mecanismos sociales que favorecen que seas tú la que escuche y acepte a costa de que los demás nunca entiendan tu posición.

Si tú no tienes hijos, **tu pareja no se verá obligada a asumir el mismo nivel de exposición y hay muchos motivos que os pueden llevar a posponer o limitar su contacto con tu entorno**: sus obligaciones como padre, el miedo a no ganarse el corazón de tus amigas y familiares (porque viene cargadito de responsabilidades que te salpican), la posible incomodidad que suponga para sus hijos, tu propio desborde emocional o incluso tu propia reticencia a mostrarte ante los tuyos con tu nuevo pack familiar.

Sea por lo que sea, **es fácil que se genere una descompensación y que el peso de integrarse en el entorno termine cayendo solo en ti**, lo cual instala en la pareja un mensaje implícito de que eres tú quien tiene que hacer el esfuerzo de integrarse. Si te sientes así, es hora de que tu pareja se acerque a tu gente, donde tú estés en territorio amigo, y que quien tenga que pasar el trago de ser el de fuera sea él. Además, que tus hijastros estén en ambientes donde tú eres la «de dentro» y ellos los «de fuera» flexibiliza las posiciones de dentro y fuera en la familia y favorece la integración de todos.

Reto:

Entrar en el colegio y entornos públicos

Los entornos institucionales son el talón de Aquiles de las familias enlazadas. La ausencia de protocolos hace que la acogida que reciben estas familias en el centro escolar o en la consulta médica dependa de la profesionalidad, la formación y la sensibilidad de quien las atiende.

Los colegios, pese a ser lugares de convivencia y de cuidado de los menores, **no siempre disponen de herramientas para recoger de forma positiva las diversidades que viven en el seno de sus familias.** Eso se puede apreciar, por ejemplo, en la falta de estrategias educativas que permitan integrar modelos familiares más allá de lo normativo: se sigue trabajando el concepto de familia a través del árbol genealógico, no se ofrecen alternativas en caso de divorcios, separaciones o fallecimientos, muchas veces se celebra el día del Padre y de la Madre, el vocabulario de la familia está muy limitado, etc. Sin duda, esta es la muestra de lo que queda por recorrer hacia la normalización de la diversidad familiar.

1 NADIE QUIERE DIRIGIRSE A TI

Detectas que los padres de los compis de tus hijastros evitan cruzar la mirada contigo. Los profesores se dirigen solo a tu pareja, no vaya a ser que tú tengas información del niño con el que convives.

2 NO ERES NADIE PARA...

Acudir a una tutoría, ser parte del AMPA, acudir a una reunión, participar en una actividad de la clase de tu hijastro, etc.

3 ÁRBOLES GENEALÓGICOS

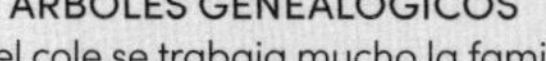

En el cole se trabaja mucho la familia y uno de los recursos son los árboles genealógicos en los que nunca debes aparecer tú. Da igual que estés con su progenitor. No sales.

SOY INVISIBLE

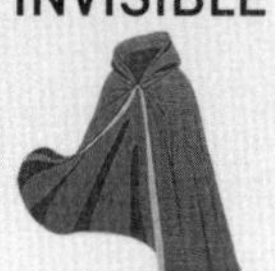

4 DESAPARECES DEL RELATO DE LOS NIÑOS

Aunque hayas pasado medio verano con tus hijastros, estás misteriosamente ausente en la típica redacción de «cuenta tus vacaciones».

5 FOTOS FAMILIARES

s peques llevan la foto de su familia para compartirla en clase. En una salen con papá y en otra con mamá. Con suerte, pareces en la de tu pareja, pero cuidado, ie lo mismo hay una foto vieja de familia completa de antes de la separación.

6 NO ERES BIEN VISTA EN LAS FIESTAS ESCOLARES

Tu presencia en la fiesta de Navidad es incómoda y no recibes invitación para asistir. Puede que te hayas currado el disfraz de carnaval con el peque, pero no termina de gustar tu presencia allí. Es un «evento solo para padres y madres», pero casualmente van abuelos, tíos...

7 LOS DIBUJOS

Los dibujos familiares, otro clásico en el que raramente salimos reflejadas. Pueden aparecer las mascotas, los amigos invisibles, los peluches, pero la madrastra no suele tener un lugar destacado en la imagen. Si es que aparece.

8 NO TIENES NOMBRE

«Madrastra» no aparece en el vocabulario de la familia ni lo aprenden en inglés. En clase, no saben cómo contar quién eres y, si te llaman «madrastra», a lo mejor hasta los corrigen.

La primera vez que acudí a una reunión del cole, se formó tal lío que la escuela decidió cambiar su normativa en mi honor: se prohibió explícitamente que quienes no eran tutores legales pudieran asistir a las reuniones. Más tarde, ya en Primaria, si la tutora tenía que comentar algo a la salida de clase, se ubicaba de manera estratégica entre mi pareja y yo, y me daba la espalda para que quedara claro que aquello no iba conmigo. Un día, al niño se le ocurrió decir que «su madrastra» lo había ido a buscar y vi con mis propios ojos cómo le reprendían por usar una palabra «tan fea». ¿Cómo me podía sorprender que después, en casa, mi hijastro me borrara de sus recuerdos y me contara las cosas que habíamos hecho juntos la semana anterior como si las hubiera hecho con su madre? No había permiso social para reconocerme como parte de la familia.

22. ¿Puedes acudir al colegio? Mitos y realidades de la LOPD

Cuando llevas tiempo conviviendo con tu pareja y sus hijos, es inevitable que en algún momento surja la situación en la que te toque presentarte en el colegio. Puede que sea porque ayudas a conciliar y recoges a tus hijastros, porque acudes en sustitución del padre o bien porque acompañas a una tutoría para presentarte y que conozcan vuestra realidad familiar. Al fin y al cabo, en los colegios conocen a las familias de los peques, ¿no?

Una de las situaciones más habituales cuando te planteas si acudir o no al colegio es dudar sobre si legalmente puedes ir y qué impedimentos vas a encontrar si lo haces. **Para ello es importante tener en cuenta los motivos por los cuales una madrastra puede ir al centro escolar y los que atañen exclusivamente a los tutores legales, dentro del marco legal.**

LOS TUTORES LEGALES PUEDEN:

- ✓ Asistir a tutorías y reuniones enfocadas al desarrollo de los alumnos en el aula.

LA MADRASTRA PUEDE:

- ✓ Asistir a reuniones de carácter general, que tienen que ver con la convivencia escolar y son enfocadas a los eventos en los que todos los miembros de la familia están invitados: fiestas temáticas, obras de teatro, etc.
- ✓ Acompañar a sus hijastros en los eventos festivos del colegio.
- ✓ Presentarse como miembro familiar antes de una tutoría.
- ✓ Recoger o entregar hijastros favoreciendo la conciliación familiar.

De acuerdo con la ley de protección de datos, para que una tercera persona reciba información académica o sobre el desarrollo del niño, debe contar con la autorización expresa de ambos progenitores. En la práctica los centros tienden a ser flexibles y permiten la entrada de abuelos o parejas de las madres a las reuniones informativas, por ejemplo. Sin embargo, ante la madrastra, sí esgrimen la LOPD y eso es una aplicación selectiva y discriminatoria de esta ley. ¿Injusto? Sí. ¿Legal? También.

El reconocimiento institucional de la autoridad

Si una madrastra participa de manera activa en la vida de sus hijastros es porque se ha convertido en una figura de relevancia en la familia, pero las instituciones tienden a ofrecer resistencia ante este cambio. Si la madrastra se limita a ejercer de «recogedora» de niños y asume las mismas funciones que asumiría una canguro, no hay problema. **Pero aceptar a una madrastra en una reunión escolar es reconocerla como figura de autoridad y ahí es donde surge el conflicto con el modelo de familia normativa y con la figura de la madre.** Como en otras situaciones, nadie se cuestiona el proceder hasta que aparece la madrastra y es curioso, porque no adoptan la misma actitud si quien acude al centro es una abuela, un tío, una prima o un cuidador contratado por alguno de los padres.

Por algún motivo, la madrastra *is different*.

Recuerdo que, cuando era pequeña, mi madre hacía y deshacía sin que absolutamente nadie le pidiese la autorización de mi padre para ello. Ahora que soy madrastra, me piden hasta el libro de familia. ¿Es correcto? En absoluto, pero se sigue haciendo. Mientras no exista un protocolo coherente, dejar la ley a la libre interpretación de los centros seguirá generando discriminación.

23. ¿Quieres acudir? ¿Para qué?

Ahora ya sabes que puedes acudir al centro escolar y solo queda la pregunta más importante: «¿De verdad quieres acudir?». Si te reciben con los brazos abiertos y no supone ningún altibajo en tu vida, seguro que no hay duda. Pero, si te tratan con hostilidad y sigues insistiendo, es importante que te preguntes para qué lo haces y estar segura de que ese desgaste tiene sentido para ti.

Si te encuentras con una gran necesidad de ser reconocida en tu rol o en tu esfuerzo, el rechazo del colegio puede despertar en ti una sensación de ultraje y desencadenar una guerra donde sientes que estás luchando por tu honor y la idea de estar presente se convierte en una obsesión. Por desgracia, **es fácil volcar en la lucha contra las instituciones la frustración de no sentirte miembro de pleno derecho en la familia o la de ser diana de la hostilidad de la ex**. La peor noticia es que la guerra no suele aliviar ese malestar tan profundo que acompaña a la madrastridad.

Si notas que la pelea con el colegio te consume la energía, que se convierte en el principal tema de conversación con tu pareja y que te llena de odio, probablemente sea hora de soltarla. Porque no te está ayudando en ninguno de tus objetivos.

Cuando la escuela cambió la normativa para excluirme de las reuniones, mi pareja llamó al inspector para comentar el caso y a él le pareció una irregularidad que había que subsanar. Sin embargo, pasaron los días sin que recibiéramos noticias y, cuando mi pareja volvió a hablar con el inspector, su opinión ya había cambiado y ahora apoyaba la decisión del centro. Aquello nos encendió a los dos y durante un tiempo hubo llamadas, consultas y muchas conversaciones inflamadas (e inútiles) sobre el tema. Con el tiempo, decidimos dejar el tema. Ahora, Aina y yo empezamos a pensar otra vez en hacer algo para cambiar las cosas en los colegios, pero ya no es una guerra personal. Eso es lo que nos permite actuar sin descuidarnos a nosotras mismas.

Si nos ponemos prácticas, en realidad tu pareja puede darte la información que sea necesaria y, si no puede acudir a las tutorías de sus hijos por incompatibilidad con el trabajo, quizás tiene que replantearse cómo asumir su responsabilidad como padre. Incluso si los eventos del cole se convierten en momentos de tensión para ti y para los niños, puedes montarte otro plan por tu cuenta y ver juntos el vídeo después. Eso no va a restar nada del afecto que os tengáis y va a mejorar tu estado interno y el ambiente en casa.

En cuanto a tu legítima necesidad de ser reconocida, es buena idea acogerla y buscar otras vías para atenderla. Es algo que iremos trabajando a lo largo de los próximos capítulos.

Ahora, con perspectiva, es absurdo darte cuenta de que has intentado entrar en entornos en los que no eres bien recibida. Si el colegio no tiene un protocolo para introducir la diversidad familiar, ¿qué más me da? Un problema menos, una obligación menos y una carga mental de la que me libro. Pero me sigue sabiendo mal porque estos entornos sociales es donde mis hijastros aprenden a desenvolverse en la vida y es duro que les tengan que decir, abiertamente o de tapadillo, que su modelo de familia no es bien recibido. Como adulta, es una pérdida de tiempo luchar para que te acojan cuando no tienen un lugar para ti, pero, si pongo el foco en mis hijastros..., me parece un daño hacia ellos totalmente evitable.

24. *¿Y los cumpleaños infantiles?*

Este es otro tema nada desdeñable. ¿Acompañas a tu pareja que tiene que acudir a un cumpleaños infantil? ¿Acudes tú facilitando la conciliación? ¿Te escondes detrás de un árbol? ¿Participas en el cumpleaños de tu propio hijastro?

Este es un evento social que no se rige por las mismas normas legales que el tema escolar, pero que lleva implícitas un montón de normas sociales. La decisión de acudir o no a un cumpleaños infantil debería ser algo inocuo, pero ya sabemos que la presencia de la madrastra puede levantar ampollas por varios motivos.

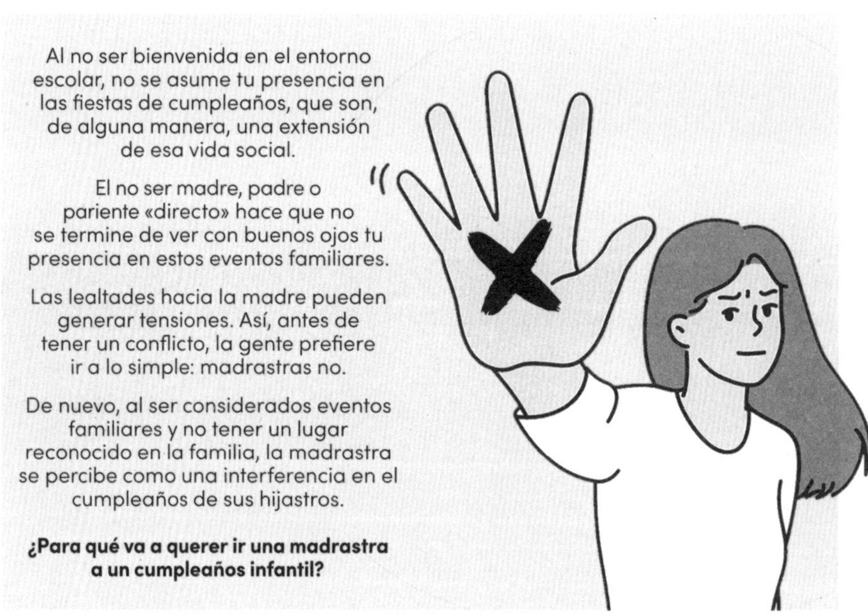

Sin embargo, la respuesta es mucho más simple. A veces vas porque te apetece formar parte y celebrar un momento con tu familia y otras veces no te compensa el alboroto y decides no ir. En cualquier caso, es importante tener claros los motivos reales por los cuales decides posicionarte de una forma u otra. De esta manera, cuando surjan situaciones complicadas o incómodas, puedes volver a esos motivos para tomar fuerza y ser fiel a tu decisión.

¿Quería ir para estar al lado de mis hijastros? Pues priorizo estar ahí para ellos, me miren como me miren. ¿Quería ir para apoyar a mi pareja? Pues vuelvo a su lado cuando me asalten las dudas. ¿Quería ir para afirmar mi lugar en la familia? Pues me planto allí y no me mueve nadie. ¿Quería ir a lucir palmito? Pues a mucha honra, me pongo monísima, enseño dientes y despliego todas mis artes sociales con quien se deje.

Ir a lucir palmito

Cuando te cuestionas tus motivos para acudir a un evento, hay uno de ellos que parece trivial, pero tiene la misma importancia que el resto. Es cuando decides **acudir a una cita social solo para lucir palmito, que no es lo mismo que ir a marcar terreno o a enfrentarte a otras figuras relevantes**. Hay momentos en los que sencillamente te apetece figurar, estar mona, compartir espacio con tu pareja y que todos vean que estáis bien y felices. Y es muy lícito. Los motivos por los cuales te metes en un sarao no van a ser siempre maquinaciones complejas de poder o necesidades de reconocimiento y seguridad, **a veces nos vemos bien en nuestra piel y solo queremos mostrarlo a todos. Y eso también mola.**

Si decides que no se te ha perdido nada en los cumpleaños, pues «adiós, muy buenas» y te centras en las áreas de tu vida que sí tengan sentido para ti. No hay manera inadecuada de estar si actúas alineada con tu sentir.

Un día me di cuenta de que estaba haciendo un papelón delante de los demás padres para ver si de esa manera me aceptan mejor en el mundo del cole y la crianza. Valoraba llegar, que me saluden, tener algo de que hablar con otros adultos y no sentirme el bicho raro. Pero por dentro también me quemaba ver que no era genuino y que tampoco tenía tantas ganas de posicionarme ahí. ¿Para qué estaba intentando encajar en el grupo de padres si a mí esas personas me daban igual? Me sentí un poco estúpida por haberlo forzado tanto y me dije: «¡A tomar por c*** los cumpleaños infantiles!».

Reto:

Definir tus límites: hasta aquí hemos llegado

Todo tiene un límite. Si llevas tiempo intentando entrar en el entorno social de tu pareja, si has hecho de todo para que te acepten en el entorno social de tus hijastros y de ninguna de las maneras estás encontrando la forma de encajar y te estás sintiendo cada vez peor, es momento de plantarte y decir «basta».

25. No caigas en la comparación y no la permitas

Es posible que el entorno social no sepa cómo tratarte y tenga dificultades para ubicarte con respecto a tu pareja y su familia. Las comparaciones son odiosas, pero están a la orden del día. Mientras encuentran una manera de posicionarse con respecto a tu figura, te van a comparar con la ex o con lo que pillen más a mano. Si esto sucede, puede ser un bucle sin fin de comparaciones que terminen por hacerte daño y minar tu autoestima. Si eso sucede:

- **Limita las interacciones dañinas:** si sientes que la comparación se ha vuelto un bucle imparable y no te sientes cómoda, sal de ahí.
- **Valora quién te hace bien y quién no:** si te ha saltado la alarma y con cierto grupo de personas no te sientes cómoda, no te obligues a compartir espacio con ellos. Por más que sea la familia de tu pareja o sus mejores amigos. Nutre las relaciones con personas con las que te sientas acogida.
- **Si te hacen sentir que sobras, ahí no es:** la ley del silencio o del hielo (no te hablan, no te miran, corporalmente te evitan, etc.) es un arma muy poderosa para excluir y hacer sentir mal al otro. Si intentando entrar en un entorno social percibes que te están aplicando la ley de hielo, no merece la pena permanecer ahí. Tu bienestar va primero.
- **Cuidado con romantizar el sufrimiento:** es muy tentador sentir que si sufres es que te estás sacrificando por la familia y lo estás haciendo bien. Que, ante el rechazo, pongas más empeño para que te acepten y te quieran. Pero eso tiene un coste en salud mental que debes valorar.

No toda la familia de mi pareja se abrió para recibirme. Quienes lo hicieron, necesitaron su tiempo para abandonar lo que la ex hacía y recibir lo que yo aportaba. Había reuniones familiares con estas personas que no me acogían que se volvieron incómodas porque las conversaciones siempre giraban alrededor de la ex o no paraban de comentar que seguían hablando con ella y manteniendo el contacto. Llegó un momento en el que la falta de respeto fue tan grande que cogí a mi pareja y a mis hijastros y me marché de allí. Pensé: «Si vais a pasar por encima de mi persona, no contéis con mi familia».

26. No quieres ir

Tu posición de madrastra y recién llegada te obliga a apuntarte a todos los saraos. O eso parece. Pero hay momentos en los que sientes que ya has probado todo, que has puesto de tu parte, que te has esforzado y... la cosa no termina de cuajar.

Por lo que sea, las relaciones con la familia extensa, con ciertos amigos o con tus hijastros no funcionan y los eventos cotidianos de reunión se hacen insoportables. La simple idea de ir te está costando la energía vital. Llegado este punto, **es normal que te hagas la pregunta del millón: «¿De verdad merece la pena que siga invirtiendo tiempo aquí?»**.

Esta es una pregunta que debes responder sola. Pero nosotras queremos dejarte un breve recordatorio antes de seguir:

- **No es una competición:** no necesitas ir a todos los eventos sociales que se presenten. No hay una medalla a la madrastra más esforzada (ojalá, ¡te lo habríamos dicho ya!).
- **Mide tus fuerzas:** decide a qué eventos merece la pena ir y pasar el trago y de cuáles puedes prescindir. Quizás puedes ir a las comidas del domingo con su familia, pero decides no acudir en Navidad. Las gallinas que entran por las que salen.
- **Cuidado con el chantaje:** una cosa es negociar y aceptar acudir a un evento social para acompañar a tu pareja y otra muy diferente es sentirte presionada por tu pareja. «Hazlo por mí» es una frase habitual, pero que puede usarse con intenciones muy diferentes.
- **Valídate:** si para ti es imposible asumir otro evento social escolar o compartir una cena en familia, no te fuerces. Valida tus sentimientos y cuídate. Eso no significa que te estés autoexcluyendo o que no estés haciendo suficiente. Estás cuidando tu salud mental.

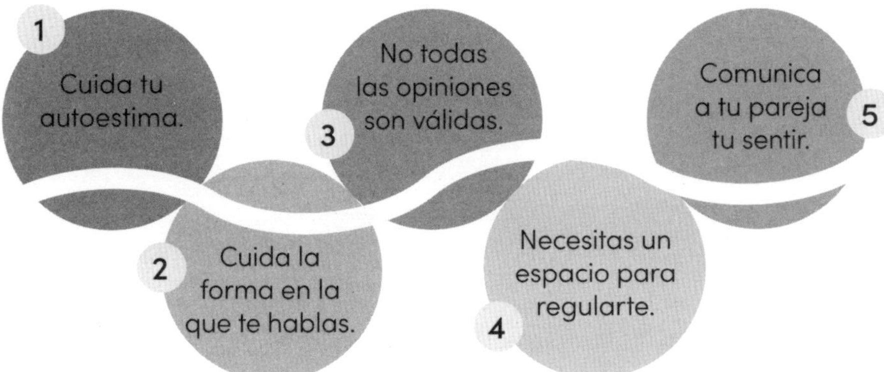

1 Permanecer en entornos en los que no nos sentimos a gusto o seguras termina por minar nuestra autoestima. Busca rodearte de personas que te nutran.

Cuando nos sentimos mal o inadecuadas, descuidamos la forma en la que nos hablamos. Nos exigimos demasiado y somos las principales voces que sostienen frases como «Puedes hacerlo mejor o esforzarte más». 2

3 Hasta cierto punto, es normal que quien no te conozca tenga dudas sobre ti. Pero eso no da permiso a que esas dudas se transformen en comentarios malintencionados u opiniones dañinas.

Las interacciones sociales son agotadoras y nos remueven mucho. Por ello, necesitas un espacio seguro para regularte y relajarte: una habitación, un sillón, un momento de paz que te reporte bienestar. 4

5 Si ciertos entornos o personas no te hacen sentir cómoda, habla con tu pareja sobre esto. Expresa cómo te sientes y la necesidad de cuidar tu paz mental.

27. Ponte el chubasquero

A veces, aunque un evento familiar o social te repatea, decides ir. Por apoyar a tu pareja, porque quieres intentar integrarte antes de tirar la toalla de manera definitiva, porque tiene sentido en tu idea de familia o por lo que sea. Si intuyes que la situación es como un temporal en el que vas a adentrarte a sabiendas, hazlo con un buen chubasquero.

El chubasquero es una metáfora del autocuidado y consiste en darte cobertura antes, durante y después de una situación que sabes que va a ser estresante a nivel emocional. Tu chubasquero puede estar compuesto de diferentes elementos, por ejemplo: la mañana antes de ir al evento te la tomas con calma, enciendes una velita de olor y te das una ducha tranquila; planeas un momento de relax con tus amigas o tu pareja para cuando termine; estableces previamente un límite de tiempo (voy a estar dos horas como máximo) y te aseguras una vía de salida para no sentirte atrapada (por ejemplo, llevas también tu coche por si quieres irte antes).

Debes incluir en tu chubasquero los elementos que más te ayuden a sentirte protegida y cuidada. Una vez que te lo pongas, vas a poder disfrutar de sus múltiples ventajas:

- **Es impermeable a los comentarios y opiniones de los demás sobre tu vida**, tu pareja, tus decisiones, vuestra forma de gestionar la crianza en casa, etc. A veces no solo sirve para cubrirte los brazos, sino también para ponerte la capucha y apretarla bien y evitar que te entre agua por las orejas.
- **Es muy estiloso.** Al ponértelo, te sientes ligera y protegida. Repele los comentarios por lo bajini y las miraditas juiciosas. Sin chubasquero, pensabas que esas miradas y comentarios eran todos para ti, pero ahora llevas tu prenda y te das cuenta de que te resbalan. Material anticizaña cien por cien.
- **Nunca pasa de moda.** También es atemporal, una prenda para todas las épocas del año. Lo puedes usar en una comida con la familia extensa o cuando vas a recoger a tus hijastros, nunca queda mal. Es un gran aliado cuando no sabes qué ponerte porque transforma las situaciones incómodas en problemas ajenos a ti.
- **Su uso requiere un poco de práctica como toda prenda chic.** Necesitamos hacer previsión para su uso, igual que cuando decides si llevar o no un paraguas por si amenaza tormenta. Pero, como todo, al final aprendes a vislumbrar si hoy va a ser un día perfecto para lucir el maravilloso chubasquero madrastril y así evitar las potenciales situaciones de drama.

- **Usarlo es autocuidado.** Seguro que recibes comentarios de lo innecesario que es llevarlo siempre o en momentos estratégicos. Que es mucho mejor ir a cuerpo gentil. Pero usarlo es dejar de ser accesible para ellos y ya no pueden juzgarte ni criticarte con tanta frescura. Usarlo es la forma más gráfica de marcar tus líneas rojas y que los demás lo tengan claro.

Siempre es un buen momento para decidir cuándo usar el chubasquero dada su versatilidad dentro de la familia enlazada. Es momento de elegir para ti el mejor chubasquero del mercado y poder decir:

«ME LA PELA VUESTRA OPINIÓN Y ME VOY DE AQUÍ PITANDO CON MI CHUBASQUERO INVISIBLE».

3. La ex: un pasado muy presente

La ex no es simplemente «una ex de mi pareja», sino «la madre de sus hijos», lo cual nos conecta con un imaginario muy potente que sacraliza la figura de la madre.

En el imaginario colectivo, todavía se concibe el rol de la madrastra como la sustituta de la madre cuando esta fallece. Sin embargo, con la normalización del divorcio, nos encontramos con dos personas muy vivas y un solo lugar vacante en la familia. Esta base sociocultural que solapa los dos roles hace que la relación entre madres y madrastras tenga muchas papeletas para convertirse en una fuente de conflicto y de dolor. La madre tiene miedo al impacto que puedas tener sobre la vida de sus hijos, pero sobre todo (y aunque cueste reconocerlo) teme ser sustituida de verdad en el corazón de sus hijos. En paralelo, tú sientes que, existiendo una madre, no hay lugar para ti.

Al concebirse como una relación de competencia por un solo lugar disponible, tu inseguridad puede dispararse y **odiarla se convierte en una tentación, especialmente si tenemos en cuenta que vivimos en una cultura que tiende a representar a las mujeres en lucha por la mirada masculina**.

La madre tiene más poder y aceptación social que la madrastra y la madrastra está predispuesta a sentirse impotente ante los movimientos de la madre. Por eso, no es extraño que fluctúes entre el deseo de obtener su aceptación y el de demostrar que, de alguna forma, eres mejor que ella y, por tanto, más merecedora de estar al lado de tu pareja y sus hijos.

En el fondo, este planteamiento es muy injusto, tanto para la madre como para la madrastra, y es necesario reconfigurar el imaginario familiar para dar lugar a todos sus integrantes, sin olvidar que **el padre tiene una gran responsabilidad en la gestión de las relaciones entre su anterior familia y la nueva**.

Construir un espacio familiar propio

Mientras estás luchando por crear tu propio núcleo, tejer una nueva cultura familiar e introducirte en la familia de tu pareja, los recuerdos de la ex, sus tradiciones y sus vínculos siguen muy presentes. Además, se convierte en una interferencia constante a la hora de hacer cualquier plan: cuando estás montándote una salida, pide un favor y cambia las fechas; en el momento del día en que por fin habías logrado conectar con tus hijastros, ella llama para su conversación de la tarde y ya tienes que volver a empezar. Estás en tu primera comida de Navidad con la familia de tu pareja y ella se presenta para tomar el café.

Cocinas la mítica tortilla de patatas de tu abuela y los niños sienten la necesidad de comentar que su madre la hace sin cebolla. Llega la ansiada semana a solas con tu pareja y ella manda un wasap para que le acerque la chaqueta del niño, que se la ha dejado en tu casa.

Al final, sientes que la impotencia y falta de control gobiernan tu vida, junto con la ex. Como madrastra te preguntas: ¿dónde está mi espacio familiar? ¿Esta persona tiene derecho a irrumpir en mi vida cada vez que se le antoje? ¿Mi pareja no debería poner límite a todo esto?

Cuando la ruptura está a medias

Cuando una pareja con hijos decide terminar su relación, lo que ocurre no es una ruptura, sino una transformación: **la relación de pareja debe convertirse en una relación de coparentalidad y eso puede llevar años**. Puede ocurrir que tu pareja se sienta ya preparado para tener una nueva relación y, sin embargo, todavía le cueste romper con dinámicas que tenía establecidas con su ex: la frecuencia y los temas de comunicación, la toma de decisiones, ofrecerle apoyo cotidiano, compartir tiempo juntos «por los niños», etc.

Este es uno de los principales problemas de las parejas enlazadas: la madrastra necesita que la relación con la ex se limite a lo indispensable para el bienestar de los niños y el padre tiene miedo a su reacción si decide cambiar las dinámicas que estaban establecidas entre ellos. **Con lo cual se genera un dilema: mantener la frágil estabilidad con la ex o poner límites a la interacción con ella y dejar espacio para un nuevo proyecto familiar.**

Muchos de los problemas con la ex son en realidad problemas de pareja. La madrastra debe asumir la importancia de cuidar la relación con ella sin por eso dejar de proteger su espacio personal y familiar. Mientras tanto, **el padre, si de verdad quiere dejar espacio para un nuevo proyecto familiar, debe avanzar en el proceso de transformar su antigua relación de pareja en una relación de coparentalidad.** El ritmo y la manera de hacer estos cambios es lo que deberá negociar con su nueva pareja.

En el ínterin, lo que más te va a ayudar a hacer las paces con la existencia de la ex es recuperar el sentido de control sobre tu vida y tu poder de acción. Tienes muchas más herramientas de las que crees para delimitar tu espacio personal y familiar, y lo veremos en el apartado de retos.

Recuerdo estar en el coche y tener la cabeza como un bombo de escuchar opiniones de la madre de mis hijastros sobre cómo hacíamos las cosas en casa. Mi pareja no decía nada por cumplir el mandato de no hablar mal de la madre y yo sentía que ya estaba llegando al límite: o tiraba un niño por la ventana o me tiraba yo. Así que, con todo el cariño del mundo, dije: «¿Y si dejamos de hablar de mamá y empezamos a hablar de lo que hacemos en casa para poder disfrutar del ahora? ¡Mirad, ahí al fondo de la carretera se ven caballos!». Y pude sacar a la madre del coche, al menos durante unos momentos.

Veamos los retos que nos plantea esta coexistencia y cómo sortear las trampas de la comparación, la competencia y la impotencia mientras avanzas en el proceso de construir tu familia y tu lugar en ella.

Los retos de esta fase en relación con la ex serán:

- ✓ Limitar la influencia de su ex en tu vida.
- ✓ Decidir cómo comunicarte con la madre de tus hijastros.
- ✓ Aceptar su lugar en tu vida.

Reto:

Limitar la influencia de su ex en tu vida

Es inevitable: la ex genera dudas y mucha curiosidad. Cuando sabes que su existencia tiene un peso importante en la vida de tu pareja, es normal que te vuelvas loca y necesites saberlo todo. Y cuando decimos todo es TODO.

Te haces mil preguntas, le haces mil preguntas a tu pareja, la investigas, te comparas... y, además, tus hijastros te la traen a casa con sus conversaciones y comentarios.

Con el tiempo, te das cuenta de que su persona tiene una presencia ilimitada en tu casa y en tu cabeza. Empiezas a sospechar que, de seguir así, vas a acabar loca. Necesitas sacarla de tu casa, de tu cama y de tu mente para poder desarrollarte en tu familia.

28. Delimita el espacio de su ex en tu casa

Su ex está presente en tu familia. En parte porque es la ex de tu pareja, pero, sobre todo, porque es la madre de tus hijastros. Como tal, debes encontrar la forma de honrarla y, al mismo tiempo, delimitar los espacios que va a ocupar para dejar sitio al presente del cual tú formas parte. ¿Cómo encontrar ese equilibrio? Aquí te dejamos algunos consejos:

- **Cuando los niños te cuentan cosas sobre su madre, puede ser un acto de confianza o puede responder a su necesidad de traerla al presente para no sentir que la traicionan disfrutando contigo.** Sea como sea, empieza agradeciendo la confianza de contártelo. Si los comentarios se te empiezan a hacer pesados, puedes limitarlos con cuidado usando fórmulas del tipo: «Entiendo que quieres contarme cosas sobre mamá. Al mismo tiempo, si estamos hablando de ella no podemos disfrutar de lo que estamos haciendo. ¿Nos concentramos en lo que estamos haciendo?».
- **Si quieren tener fotografías de ella en tu domicilio**, pueden tenerlas en el espacio privado de su habitación, y reservar los espacios comunes para recuerdos de vuestra familia.
- **En cuanto a las llamadas con ella**, decide junto con tu pareja en qué horarios se pueden hacer, no aceptéis videollamadas o, si las aceptáis, que sean en la habitación de los niños.
- **Si vas a vivir al piso que tu pareja compartió con su ex**, negocia hacer cambios en los espacios comunes y tu habitación por lo menos. Pintar las paredes, cambiar las cortinas o tan solo una nueva distribución van a conseguir que el espacio pase a ser tuyo (y, si necesitas quemar unas hojitas de laurel, ¡no te cortes!). Aunque a tu pareja estos cambios no le parezcan prioritarios, no cedas: te lo debes a ti misma y a todas las madrastras que no pudieron hacerlo.

Mi hijastro solía preguntarme si su madre y yo éramos amigas. Me daba cuenta de que para él era una forma de armonizar nuestras dos figuras. ¿Cómo ser sincera con él sin hacerle daño? Opté por decirle dos verdades complementarias: que no era amiga de su madre y que, al mismo tiempo, la valoraba mucho por el simple hecho de que era su madre, aunque apenas la conociera.

29. Limita las conversaciones sobre ella

La sensación de impotencia te lleva a centrar la atención sobre la ex: tratas de anticipar sus movimientos y conseguir neutralizarlos. Cuando no estás haciendo labor de inteligencia bélica, estás criticándola para desahogar un poco de tensión. A veces, **incluso encuentras un punto de conexión con tu pareja a través de la lucha contra ella**. El resultado es que terminas exhausta, amargada y tan impotente como al principio después de haber dedicado tus mejores momentos de pareja o de reunión con las amigas a hablar sobre ella. ¿De verdad quieres otorgarle ese lugar de honor en tu vida más íntima?

La realidad es que la ex no va a cambiar por nada que tú hagas ni vas a poder controlar sus movimientos. En vez de eso, puedes controlar a qué dedicas tu tiempo y qué compartes con tu pareja.

Si estás en plena obsesión, no es fácil cambiar el chip, pero con práctica descubrirás que tienes el poder de sacar a la ex de muchas esferas de tu vida. ¿Cómo?

- Haz un pacto con tu pareja para **dejar de hablar de ella en determinados espacios y momentos**. Dejarla fuera de vuestra habitación podría ser un buen punto de partida.
- Cuando haya que hablar de ella, estableced un **límite de tiempo** (45 minutos máximo). Si hace falta más, se retoma la conversación al día siguiente.

- Si tiende a mandar mails y wasaps, trazad un **plan para decidir qué temas, en qué términos y dentro de qué horarios vais a responder**, y nunca abráis un mail antes de ir a dormir. Dejad de redactar mensajes a cuatro manos durante horas.
- Si lo necesitas, **busca una terapeuta con quien desahogar tu malestar** y deja de hablar sobre la ex con tus amigas. ¡Tu vida empezará a parecer un poco más tuya!

Cuando vives una ruptura tortuosa como la que estaba viviendo mi pareja, hablar de la ex era una rutina habitual en nuestra vida porque no había día que no tuviésemos jarana con ella. El problema era que estábamos intoxicados de un mal rollo pegajoso que no nos podíamos quitar y no éramos conscientes de ello. Llegamos a pensar que tenía un poder sobre nosotros que no era real y no había mail sin responder ni provocación a la que no entráramos. Hasta que dijimos: «¿Y si la dejamos ladrando sola?». Qué maravilla de decisión tomamos.

Si, a pesar de querer quitarle protagonismo, temes que pueda haceros daño de alguna manera, pasa a la siguiente herramienta.

30. Protégete a nivel legal

¿Si tu pareja deja de hablar con ella vía wasap puede usarlo en tu contra para que no os den la custodia compartida? ¿Hay alguna manera de protegeros de sus mails llenos de amenazas e insultos? ¿Cómo proceder legalmente para conseguir que pare? Quizás has pasado horas imaginando posibilidades cuando, en realidad, **muchas de las dudas y miedos que te obsesionan y que motivan largas conversaciones de pareja ¡pueden resolverse con una consulta legal!** Consultar con un abogado o abogada de familia no es tan caro ni tan difícil, te devolverá la sensación de control sobre tu vida y te aportará la solidez necesaria para construir tu proyecto de familia. Puedes ir sola o con tu pareja.

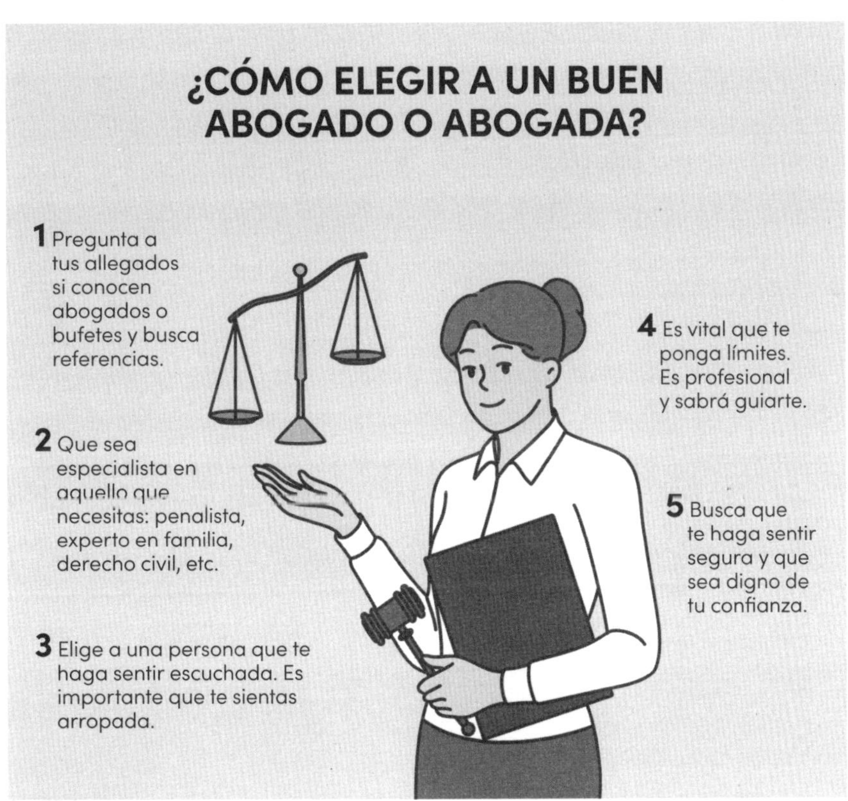

Reto:

Decidir cómo comunicarte con la madre de tus hijastros

Tener una buena relación con la ex es una fantasía recurrente de las madrastras bienintencionadas que acaban de llegar. Alguna vez ocurre, pero es complicado. En realidad, estáis iniciando una relación que no deseáis ninguna de las dos y, si bien a ti te embarga toda la energía de un nuevo comienzo, ella ya está de vuelta y tu presencia puede avivar su dolor, su rabia o sus temores más profundos. No olvides que, aunque la relación de pareja ya no funcionara, ella está en duelo por el modelo de familia que no ha podido tener y por no poder cuidar de sus hijos todo el tiempo, y tú simbolizas todas esas pérdidas. Por este motivo, la precaución y la lentitud son buenas consejeras a la hora de relacionarte con la madre de tus hijastros. Aquí tienes algunas herramientas de comunicación para cuidar esa relación.

31. Hablar con ella, ¿sí o no?

¿Te estás planteando organizar un encuentro de presentación? ¿Percibes que hay tensión y crees que todo se relajaría si pudierais tener una sencilla conversación? Quizás pretendes allanar el terreno aclarando que no eres una amenaza, que lo único que quieres es cuidar a sus hijos de la mejor manera posible. La intención es buena, pero ¿te has planteado que el simple hecho de que te presentes como cuidadora de sus hijos puede levantar las ampollas que más le duelen? Excepto casos en que la separación está muy asentada y no se percibe tensión alguna, en general tener una conversación con la madre no da los resultados que esperas.

La mejor manera de conoceros es con base en el tiempo, la práctica y una cierta espontaneidad. Un saludo al intercambiar niños, un par de palabras cordiales en el campeonato de patinaje de los niños si te tercia y el resto ya se irá viendo. Lo que quieras comunicar, hazlo con tu actitud y tu manera de actuar.

32. Aprende a escuchar sus actos

Si percibes que ella se pone mal cada vez que os encontráis, trata de prohibir que asistas al centro escolar, evita hablar contigo por teléfono cuando llama a tu casa o les habla mal de ti a terceros, es evidente que no se encuentra preparada para establecer una relación contigo. Nada de lo que hagas va a cambiar eso porque forma parte de su proceso de duelo. Tus retos son otros:

- Aprender a escuchar su dolor en las acciones que quizás al principio vivías como un desprecio o un rechazo. **Sus actos hablan de ella, no de ti.**
- **Poner límites** a cualquier agresión por su parte y recordar que siempre puedes hacer una consulta legal.
- **Centrarte en construir tu vida** con decisiones que te traigan más paz, no más conflicto. ¿Merece la pena que acudas tú también o es mejor ahorrarte el mal trago?

Incluso cuando sus actos impactan directamente en tu vida, como por ejemplo si les habla mal de ti a tus hijastros, tu reto sigue siendo centrarte en construir tu hogar con las piezas que tienes. A veces la madre no permite que sus hijos tengan una relación contigo y eso dificulta mucho las cosas, pero sigue sin determinar tu vida. Con el tiempo, encontrarás tu fórmula.

> Al inicio, sostenía la fantasía de poder llegar a comunicarnos a tres bandas por el bien de los niños: mi pareja, la ex y yo. E incluso compartimos alguna comunicación breve que fue relativamente cordial. Pero, a medida que pasaron los meses y la situación de conflicto lo hizo imposible, mi fantasía dejó de ser realista con el momento emocional que se estaba viviendo y no pude mantenerla.

33. Practica la comunicación de cortesía

Así como sus decisiones impactan en tu vida, las tuyas también impactan en la suya, por eso comunicarle ciertos cambios importantes con antelación es un acto de cortesía que puede evitar que el ambiente se enrarezca (o se enrarezca más). Quizás te asquea que ella tenga información sobre los entresijos de tu vida privada, pero lo cierto es que la va a tener de todos modos y es mejor que venga de tu pareja.

Por ejemplo, las mudanzas, las bodas o los nacimientos de nuevos hermanos son eventos que pueden remover y conviene que los conozca de antemano por parte de tu pareja y no por los niños.

La comunicación de cortesía es un acto de generosidad sobre todo para tus hijastros. Les evita tener que guardar secretos, comunicar información delicada y, además, facilita que su madre la encaje mejor. Si ella está bien, mejor estarán ellos y más tranquila será vuestra vida.

> La primera vez que decidimos que yo acudiera a una reunión escolar para presentarnos como familia, no se nos ocurrió avisar a la madre y es algo de lo que siempre me he arrepentido. Creo que para ella fue un golpe muy duro encontrarme en el espacio social de la escuela en condición de familiar de su hijo y, además, tuvo que encajarlo rodeada de gente. Eso empeoró la relación entre ella y mi pareja y nos afectó a todos, incluido mi hijastro. Ahora yo también soy madre y me doy cuenta de que tendríamos que haberla avisado con tiempo.

Reto:

Aceptar su lugar en tu vida

La madre de tus hijastros no va a cambiar por nada que tú hagas. En vez de dedicar tu tiempo y energía a tratar de que modifique su comportamiento, es necesario hacer un ejercicio de aceptación: tu relación con ella es como es. Esto puede parecer una sentencia de muerte sin apelación posible, pero en realidad es una liberación. Por muy compleja que sea la relación con ella, recuperar la energía que dedicabas a criticarla o a intentar cambiarla te va a permitir tomar las medidas de protección y prevención necesarias, hacer un plan de reacción a sus actitudes habituales y, a partir de ahí, centrarte en vivir tu propia vida.

34. Para gestionar la relación con su ex, céntrate en la pareja

La existencia de la ex y los compromisos que tu pareja tiene con ella son temas espinosos en general. Evidencian, una vez más, que hay una historia previa a tu llegada que persiste en el presente, y que se rige por claves y códigos que no decidiste y que todavía desconoces, lo cual te pone de uñas.

Si bien es cierto que antes de tu llegada algunas de esas claves de la relación entre progenitores podían ser las mismas que tenían durante su relación de pareja, una vez que estás de cuerpo presente en la familia enlazada, eso debe cambiar y siempre es bueno hacer algún ajuste.

Con respecto a la ex, **tanto la madrastra como el padre cumplen funciones diferentes que la pareja en conjunto debe aprender a valorar y a equilibrar** para llevar adelante su proyecto familiar.

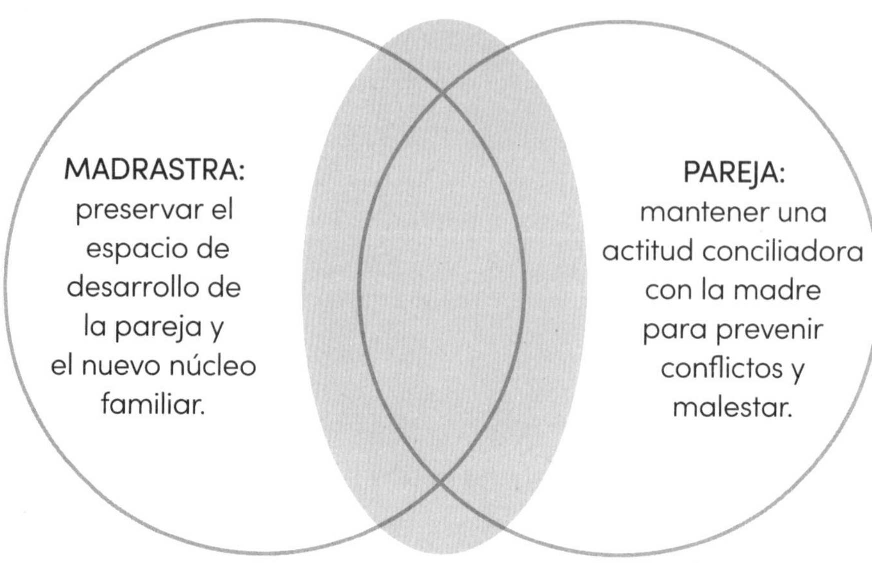

Ambas funciones son necesarias y complementarias, así que equilibrarlas requiere tiempo y negociación. En el proceso, siguiendo con la idea de recuperar tu sensación de control, **es importante que cambies el centro de atención: sin dejar de expresar los límites que te gustaría que tu pareja estableciera con la madre de los niños, enfócate en marcar tus límites con respecto a las decisiones de tu pareja**.

Por ejemplo: si tu pareja decide aceptar un cambio de agenda sin pactarlo contigo y que los niños vengan a casa, no significa que tú tengas que cocinar nada especial ni encargarte de su cuidado. Es el momento perfecto para salir a dar una vuelta o dedicar una tarde a leer en tu habitación (los cascos y una buena música aportan el aislamiento perfecto). Si tu pareja no termina de pactar las vacaciones con su ex, puedes avisar de que a partir de una fecha determinada tú vas a organizarte para tener unas vacaciones placenteras. Marcar tus límites y tomar un papel activo en la negociación con tu pareja **te ayudará a reducir tanto la impotencia con respecto a la ex como el resentimiento con respecto a tu pareja**.

¡Esto es una injusticia!

Es habitual sentir que la manera en que la madre maneja los tiempos o las responsabilidades es injusta y ponernos en pie de guerra para que reconozca el agravio y cambie. Sin embargo, la justicia que necesitas no suele llegar a través de esta vía. En general asociamos justicia a arrepentimiento y penitencia, pero en realidad tiene otras formas. Se hace justicia cuando conseguimos recuperar la gestión de nuestro tiempo, recuperamos la capacidad de decisión y ponemos límites a la intromisión del otro en nuestra vida. **La paz mental es la justicia que necesitas como madrastra, y en eso es en lo que vamos a trabajar.**

Cuando iniciamos la convivencia y todos estábamos en proceso de ajuste, recuerdo que las llamadas telefónicas de la ex no tenían filtro. Podían suceder en cualquier momento, con cualquier tono (más neutro, más agresivo) y con peticiones que tenían que cumplirse de inmediato. A mí me hacía daño escucharlas. Intenté explicarle a mi pareja que eso no era del todo «normal», pero no estaba abierto en ese momento para recibir mi necesidad de cambio. Así que tenía dos opciones: vivir enfadada o dejar que él gestionase como pudiera y tomar yo un poquito de distancia de esas llamadas malrolleras y de las peticiones de la madre. Hice un poco de las dos cosas y, por suerte, mi pareja se plantó pronto.

35. Cambia el pensamiento de «con ella sí y conmigo no»

La ex despierta mucha curiosidad. Queremos saber cómo es, qué aspecto tiene, cómo era la relación de pareja antes de la ruptura, y es inevitable que establezcamos comparaciones. Sobre todo porque la relación de pareja no siempre avanza al ritmo que nos gustaría en temas como hijos, matrimonio o propiedades compartidas y nos preguntamos: **«¿Por qué con ella sí y conmigo no?».**

Primero, **no creas todo lo que produce tu mente, es una trampa mortal**. Los pensamientos repetitivos, intrusivos y catastróficos son malos aliados, pero nos aferramos a ellos como si su mensaje fuese veraz.

Si puedes distanciarte un poco de tu miedo, enseguida verás que, tras una ruptura, es normal que tu compañero se sienta precavido y tenga miedo a repetir errores. Querer ir despacio o no sentirse preparado para dar pasos importantes en la relación **no significa que no te quiera y mucho menos que no valore su relación contigo**. Significa que está poniendo límites para protegerse y protegeros antes de repetir situaciones del pasado que lo llevaron a una ruptura dolorosa.

Si con todo sigues presa de la comparación y tienes dudas:

- **Pregunta a las claras** cómo se siente tu pareja con respecto a la relación: «¿Te sientes inseguro? ¿Contento? ¿Temeroso?».
- **Habla sobre tus expectativas y necesidades:** «Me gustaría dar el paso y casarnos, ¿te apetece volver a pasar por el altar? ¿Qué cosas te darían seguridad para hacerlo?».
- **Aseguraos de que os encontráis en la misma página** a pesar de que los tiempos sean distintos: «¿Deseas tener hijos conmigo? ¿Quieres que compremos una casa juntos?».
- **Propón unos tiempos razonables que tengan en cuenta tanto sus miedos como tus necesidades:** «Me gustaría cumplir esto en el plazo de tantos meses o años. ¿Cómo lo ves tú?».

Hablar de estos temas y abrir la caja de Pandora de nuestros sentimientos y deseos más profundos es complicado. Pero no hacerlo supone arrastrar una fantasía que a la larga nos explota en la cara.

Cuando conocí a mi pareja, yo tenía claro que quería ser madre y así se lo planteé. Él me dijo que, aunque por él no volvería a ser padre, sí podía plantearse tener un hijo conmigo, solo que después de lo que había vivido tenía que poner una condición: debían pasar dos años de relación y ver que todo funcionaba antes de embarcarnos en la aventura de ser padres. Yo lo entendía y al mismo tiempo rabiaba por dentro: «¿Por qué a mí sí me pone condiciones y no se las puso a su ex, con la cantidad de peso y riesgos que estoy asumiendo?». Pasado el tiempo, pude hacer las paces con mi parte rabiosa y reconocer que esperar fue un acto de cuidado que nos hizo bien, algo que mi pareja aprendió de sus errores pasados y que fortaleció nuestra relación. Con todo, el tiempo de espera no fue fácil.

36. Identifica cuándo estás combatiendo la impotencia con rebeldía

Cuando te sientes mal, insegura y pequeña, es normal que la reacción visceral que te nazca sea la de contraatacar. Con respecto a la ex, contraatacamos de la forma más a mano que tenemos: echando pestes de ella. Empiezas a imaginarte que le dices de todo, pero sin llevarlo al plano de lo real. Buscas gente afín que te escuche y te anime a seguir echando pestes. Pero, cuando pasa la hibris del momento, no te sientes mejor. Entonces, vuelves a la carga para tapar tu sensación de impotencia y hacerte una ilusión de seguridad. Es una bola imparable.

En el día a día, cuanta más exigencia o agresividad despliega ella, más pequeña te sientes tú. También te resientes más con tu pareja por permitirlo, por «no defenderte como mereces». Poco a poco, coges las armas y tomas las riendas de un conflicto que en un principio era entre tu pareja y ella. Ahora es una lucha madre-madrastra. Mujer contra mujer.

Puesto así sobre el papel, parece muy exagerado. Pero llegas a sentir que tu honor está en juego, que debes lograr que tu pareja se haga respetar y que la ex por fin reconozca todos sus errores y se rinda. Además, tu credibilidad depende de que todas las personas que te rodean sean conscientes de esta pelea y elijan bando, por supuesto.

La trampa de la rebeldía

¿Cuál es el problema de rebelarte contra la ex? La rebelión te da una ilusión de poder, porque te vienes arriba y activas mucha energía, pero en realidad tu atención está tan puesta en la ex como cuando te sometes a ella. La rebeldía no deja de ser otra forma de dependencia, como cuando los adolescentes se rebelan contra sus padres, de quienes todavía dependen. Por este motivo, **el auténtico reto que tienes como madrastra es dejar de pelear con la ex y emanciparte de ella** para centrar tu atención en ti y en tu proyecto de vida.

Si te reconoces enrabietada con la madre de tus hijastros, te animamos a volver sobre las herramientas que hemos trabajado para salir de la impotencia. Esto te ayudará a parar y a reflexionar: **¿en cuantos *fregaos* padre-madre te has metido en aras de la rebelión? ¿Cuántos te atañen a ti?**

La primera vez que vinieron mis hijastros a pernoctar en casa, trajeron la maleta con ropa de casa de su madre. Al abrirla, descubrimos que la ropa estaba toda vieja, manchada y que las tallas no eran las adecuadas. Fue duro de gestionar. Mi pareja se agobió pensando qué ropa iban a usar sus hijos, pero yo lo sentí como un insulto personal. En mi cabeza, la ex pretendía que los niños vistiesen andrajosos cuando estaban en nuestra casa y que así todo el mundo pensase que era culpa nuestra y que los cuidábamos mal. Durante mucho tiempo, convertimos esto en un verdadero problema y mantuvimos un intercambio absurdo de mails con la madre llenos de reproches sobre la ropa. Era su palabra contra la nuestra. Intercambiamos millones de fotos probatorias, mucha ansiedad, pero no cambiaba nada. La ropa seguía siendo un asco. Al final me di cuenta de que teníamos dos opciones: seguir en el bucle infinito de increpar por mail a la ex o comprar ropa nueva en nuestra casa. Opté por la segunda opción y conseguí dos cosas: los niños en mi casa iban vestidos acordes a su talla y limpios, y le cedí la lucha de mails a mi pareja. Dejó de ser mi problema.

No vas a poder cambiar las acciones de los demás, pero puedes cambiar la forma en la que reaccionas a ellas. Ahí es donde está tu poder.

4. Pareja: ¿dónde está tu luna de miel?

Todos los frentes que se despliegan con el inicio de la convivencia nacen y se resuelven en la relación de pareja. El problema es que **la relación aún no tiene una base suficientemente sólida ni la cultura comunicativa necesaria para sostener la complejidad de la familia enlazada**. Por este motivo, es muy fácil que, en vez de trabajar como equipo, tu pareja y tú terminéis enfrentados, pensando que las cosas no funcionan porque el otro no pone suficiente de su parte.

En realidad, ambos os encontráis desempeñando roles sumamente complejos y no deseados (la madrastra no desea ser madrastra y el padre no desea ser padre separado), que acarrean fuertes pérdidas para ambos y que dejan poco espacio para la pareja. Además, ambos soportáis la carga de estereotipos negativos que amenazan vuestros vínculos y que os empujan en direcciones incompatibles.

Estereotipo de la madrastra malvada

Eres una bruja desalmada dispuesta a manipular a tu pareja y acabar con tus hijastros para hacerte con el poder (el dinero, la casa, la posición social, etc.).

Estereotipo del padre ausente

Eres egoísta, sin aptitudes para la crianza y los cuidados, y abandonas a tus hijos y a tu mujer a la primera de cambio cuando te echas una nueva novia.

Para demostrar que eres digna de confianza y del amor de tu pareja, debes...

Entregarte al cuidado de los hijos de tu pareja con placer y abnegación, sin poner pegas, y amarlos como si fuesen sangre de tu sangre.

Para demostrar que mereces la confianza y el amor de tus hijos debes...

Dejar claro que tus hijos son lo primero y ser siempre servicial con su madre. Cualquier otra relación debe quedar en un segundo plano.

Mientras la madrastra debe entregarse al cuidado de los hijos de su pareja para hacerse un lugar en la familia y delimitar un espacio familiar propio (sin interferencias de la ex), el padre lucha desaforadamente por probar su valía como padre ante la madre y el sistema judicial (o la sociedad en general), preservar una cierta estabilidad para sus hijos y ver qué le queda para ofrecer a nivel de pareja sin hacer demasiados cambios. **Los estereotipos del padre y de la madrastra ponen a los hijos en el centro, pero de una manera enfermiza** que crea una gran asimetría en la implicación de ambos en la nueva relación y no permite que la pareja se una y crezca. El resultado es el eterno reproche entre madrastras y padres separados...

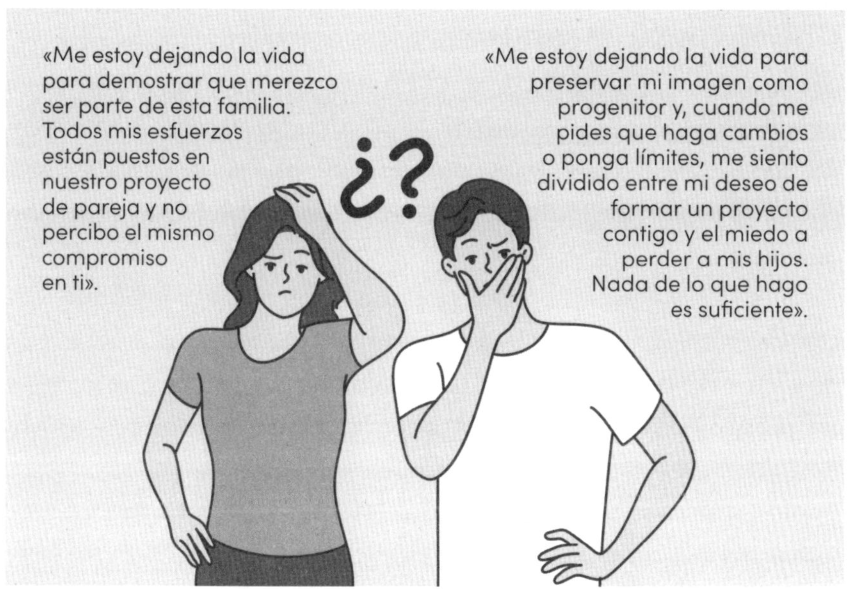

El punto de partida no es sencillo. El gran reto de la pareja es asentar las bases de la relación sorteando estereotipos adversos, atendiendo a todos los frentes que hemos nombrado y resolviendo las mil situaciones complejas de la vida con hijos no comunes. Además, **cada miembro sostiene los estresores propios de su rol, que son difíciles de entender para el otro y que se perciben como taras u obsesiones absurdas que solo complican las cosas**. «Si él pusiera más límites a su ex y educara de verdad a sus hijos» o «Si ella dejara de molestarse por cada tontería que hacen los niños y pusiera un poco más de su parte». **La empatía está bloqueada por la sobrecarga emocional y por la falta de conocimiento sobre la complejidad del rol del otro.**

No es de extrañar que la luna de miel termine de manera abrupta al empezar la convivencia, ¿no? Hay demasiados frentes abiertos fuera de la pareja y demasiados puntos de dolor dentro de la pareja. Así, el romance se vive con intermitencias y diluido en un fondo de ansiedad: «Mientras estamos los dos solos es maravilloso, pero todo es llegar los niños y empiezan las discusiones y las caras largas. Pasamos más tiempo hablando de la ex que haciendo planes de pareja. ¿Esto va a ser siempre así? ¿Dónde está mi luna de miel?».

Compromiso y renuncias

La pareja enlazada descubre muy pronto algo que las demás tardan en asumir: **construir un compromiso entre dos requiere cierta cuota de renuncias individuales, sobre todo cuando hay niños implicados**.

Si en la fase anterior recomendábamos a la pareja poner sobre la mesa sus deseos y proyectos de futuro, en esta fase toca negociar de qué manera se van a conjugar esas prioridades en un presente compartido, que además conlleva grandes cargas heredadas (hijos de anteriores relaciones, ex con quienes hay que pactar, procesos judiciales, deudas, etc.). **¿Quién va a renunciar a qué para que ambos puedan atender sus responsabilidades presentes y proyectarse hacia el futuro, tanto a nivel individual como en pareja?**

Forzada a renunciar

Ceder espacios o hacer renuncias es algo normal cuando formas una pareja, sobre todo si hay menores implicados. El problema surge cuando te sientes juzgada y presionada para hacerlo. **Muchas madrastras no actúan con libertad a la hora de pactar el modelo convivencia, sino acogotadas por la amenaza del estereotipo.** Esta presión las lleva a ceder más de lo que en realidad quieren y a hacerlo con resentimiento.

Es un resentimiento que hay que esconder porque las madrastras «buenas de verdad» son aquellas capaces de renunciar con una gran sonrisa en la cara.

Cuando nos planteamos vivir juntos, lo más fácil era que yo dejase mi piso de soltera y me trasladase a la casa familiar. Allí los niños tenían una vida. Insistí en que por favor me dejasen algo más que un cajón para las bragas. Necesitaba una habitación para poder ordenar mis cosas, mis libros, para poder trabajar y refugiarme. La habitación que me ofreció mi pareja era el cuarto de los trastos que además servía para el gato y la eventual siesta de sus hijos. Y, mientras tanto, toda mi vida estaba metida en cajas.

Idealmente, cuando nos planteamos la vida en pareja, pensamos en todo lo que tenemos por delante: planificar un futuro juntos que incluya una casa, hijos, viajes, mascotas, etc. Pero, cuando la relación lleva a sus espaldas una familia enlazada, construir no se centra tanto en los planes de futuro como en organizar el presente. ¿Dónde y cómo vamos a convivir? ¿Qué pasa con nosotros cuando llegan los niños? ¿Cómo conjugamos la pareja y la crianza? ¿Qué rol tiene cada uno? ¿Cómo hacemos frente a las cargas heredadas de relaciones anteriores (juicios, hipotecas, etc.)? ¿Cómo gestionamos la relación con los ex? ¿Qué espacio queda para nuestro proyecto de pareja? ¿Cómo gestionamos los desencuentros que inevitablemente surgen en el día a día? ¿Por qué, si tan conectados estamos en lo que respecta al «nosotros», terminamos siempre de uñas cuando entran en la ecuación sus hijos?

Todas son cuestiones complejas que requieren un proceso:

- Identificar puntos de conflicto (no es fácil adivinar en qué aspectos vamos a tener fricciones).
- Expresar el malestar.
- Negociar.
- Poner en práctica lo negociado.
- Renegociar los aspectos del plan que no funcionan (y repetir este punto las veces que haga falta).

Este proceso es farragoso, sobre todo al principio, cuando todavía no tenemos práctica. Sin embargo, suele haber avances progresivos si ambos miembros de la pareja consiguen expresar su deseo y a la vez asumen que deben hacer algunas renuncias. Así se construye la base de la relación.

Un choque de ideales

Sin embargo, a veces hay atascos: la negociación se bloquea siempre en el mismo punto, las conversaciones sobre un tema se repiten sin que nada cambie, hay dinámicas de ataque y defensa, temas tabú... **Los bucles comunicativos son señales de que debemos parar y mirar más a fondo, ya que quizás haya un conflicto entre los ideales familiares de los dos miembros de la pareja.**

Casi nadie empieza una relación exponiendo sus ideales porque casi nadie es consciente de la forma que tienen hasta que pasa algo que impide realizarlos. **Al lidiar con las cuestiones prácticas del día a día es cuando empezamos a entrever el ideal profundo del otro o cuando somos conscientes del nuestro.** En este punto cada pareja es distinta, pero los lugares de fricción en cuanto a ideales familiares suelen encontrarse en temas como el vínculo afectivo con los hijos/hijastros, el rol con respecto a ellos, el nivel de centralidad que la pareja les otorga, la repartición de los gastos, las propiedades compartidas con sus respectivas herencias y la relación con los ex.

Si pudiéramos asomarnos a la ventana de los ideales no expresados de una pareja que inicia la convivencia, quizás encontraríamos una imagen como esta:

En el ideal de tu pareja:

Tener, por fin, la «familia normal» que no tuve con mi ex.

Que la madrastra quiera a mis hijos como si fuesen suyos.

Que la relación madrastra-hijastros sea casi maternal.

Que la madrastra se implique en el cincuenta por ciento de la crianza.

En el ideal de la madrastra:

Formar una familia «normal» desde cero.

Crear un hogar con mi pareja.

Que todo el mundo me acepte y me quiera.

Llevarme bien con la ex.

¿Hijastros? ¿Qué es eso?

Lo cierto es que estos bloqueos no suelen aparecer en los primeros tiempos si la madrastra se esfuerza por reproducir la familia ideal. Solo a medida que el esfuerzo empieza a pesar, la madrastra hace movimientos que rompen la ilusión del padre de que todo iba a cuajar como estaba previsto y se empiezan a crear algunos nudos comunicativos. Así se evidencian los procesos internos de cada uno.

Juntos pero no revueltos

Así como la luna de miel se acaba pronto, también termina el idilio de fusión. Esos agujeros negros de la comunicación son muestras evidentes de que estamos chocando con la «otredad» del otro. En parte nos topamos con valores, ideales o expectativas extrañas, pero sobre todo con miedos, dolores y heridas que en un principio no logramos entender.

Ojalá mi pareja fuese al psicólogo

Toda madrastra ha deseado más de una vez que su pareja vaya al psicólogo. Deseas que haga las paces con su pasado, que se libre de la culpa que arrastra, que le pierda el miedo a su ex, que deje de evitar el conflicto, que aprenda a poner límites, que mejore sus habilidades de crianza y que encuentre por fin la manera de expresar sus emociones. Y, si bien todo el mundo puede beneficiarse de la terapia y es deseable que ambos miembros de la pareja tomen responsabilidad sobre las dificultades de la relación, estas expectativas son fantasía. **No hay terapia en el mundo que te pueda devolver a una persona libre de taras y marcas del pasado.** Así pues, se abre para los dos el difícil proceso de aceptar que el otro no va a cambiar, o por lo menos no al ritmo y de la manera que se desea.

Es duro chocar una y otra vez con las ideas y las limitaciones del otro, pues no permiten que la relación avance como te gustaría y dificultan la conexión que tanto deseas tener. Pero, en realidad, a tu pareja le ocurre lo mismo contigo. Esto puede ser una tortura en los primeros tiempos, aunque también es una de las bendiciones de la familia enlazada: es la consciencia de que en la pareja somos dos individualidades y que siempre habrá ámbitos que no podamos compartir, aspectos en los que no podamos estar de acuerdo e intereses diferentes que deberán ser conjugados. **La relación se construirá con el equilibrio entre las necesidades de ambos. ¡Esa es la salsa de la vida en pareja!**

Más adelante veremos herramientas para poder hacer equipo respetando los ritmos de cada uno. Sin embargo, antes de todo esto, es necesario romper otro tabú: hablar de dinero. Entre otras cosas, una relación de pareja es una empresa económica y, así como negociamos para conjugar los espacios individuales y compartidos, también deberemos negociar la manera en que las dos economías individuales convergen en una economía común.

Hablemos de dinero

Sabemos que es un tema incómodo, pero en algún momento hay que sacarlo, especialmente en la familia enlazada. El estigma de la madrastra malvada te pinta como una interesada que quiere adueñarse de la riqueza del padre y dejar a sus hijos en la ruina, y esa imagen puede coartarte a la hora de negociar.

Algunos de los temas más espinosos cuando hablamos de dinero son estos:

- Reparto de los gastos cotidianos.
- Comprar una casa.
- Compartir hipoteca.
- Herencia de bienes con hijos comunes y no comunes.
- Gastos asociados a reformas de la vivienda familiar.
- Inversión en vacaciones.
- Ahorro.

La negociación sobre cuestiones de dinero invoca de nuevo el fantasma del estereotipo, lo cual puede llevarte a asumir cargas relacionadas con tus hijastros sin desearlo e introducirte así en el camino directo al resentimiento.

Tendemos a ver las conversaciones sobre dinero como una afrenta, cuando en realidad son un acto de cuidado fundamental para la pareja, especialmente cuando las situaciones son desiguales y las cargas familiares son complejas y no compartidas. Por este motivo, **te animamos a informarte individualmente y en pareja sobre la mejor manera de proteger la economía de ambos miembros, de los hijos comunes y no comunes, y de la relación**. Temas como el matrimonio y los regímenes matrimoniales, las herencias o las propiedades compartidas requieren de una toma de decisiones informada y la consulta con un abogado o abogada, o con una asesora o asesor financiero responderá a la mayoría de las dudas que se te pueden plantear.

¿Es mi responsabilidad?

La obligación y responsabilidad de hacer frente a los gastos vitales de los hijos es de los padres, no de la madrastra. Puedes colaborar si así lo estimas oportuno, pero si te sientes forzada a hacerlo estás cruzando una línea roja.

Como hemos visto, tu posición y la de tu pareja pueden diferir mucho. Por este motivo la base de una pareja exitosa es conectar con el otro mediante la empatía, el cuidado y el respeto, y a continuación veremos cómo hacerlo.

Los retos de esta fase en relación con la pareja serán:

- ✓ Hacer equipo desde puntos opuestos.
- ✓ Disfrutar de tiempo en pareja.
- ✓ Respetar la individualidad de cada uno.

Reto:

Hacer equipo desde puntos opuestos

Hay que asumirlo: tu pareja y tú partís de puntos opuestos. Por tanto, vuestra posición en cuanto a las expectativas y la problemática de la familia enlazada son muy diferentes. Ni que decir tiene que la carga emocional también es distinta.

Pero eso no significa que sea imposible encontrar un punto medio que acerque posturas y os ayude a cuidaros mientras construís vuestro plan familiar de futuro, sin perder de vista que para que esto cuaje la pareja tiene que formar un buen equipo.

A medida que el tiempo pasa y las circunstancias de la familia enlazada se hacen más palpables, te das cuenta de que la viabilidad de la relación no depende de la opinión de los demás, sino de cómo gestionáis juntos las diferencias. Dicho esto, ¿por dónde empezamos?

37. Valora el rol de cada uno en la negociación: el conservador y la reformista

Muchas parejas llegan a la consulta atascadas en el mismo punto: **la madrastra está resentida porque su pareja no hace los cambios necesarios con respecto a sus hijos y su ex, y el padre está resentido porque ha hecho muchos cambios, pero nada parece ser suficiente para la madrastra**.

Ambos sienten que se están distanciando porque perciben estas posiciones como contrarias, pero a nosotras nos gusta verlas como complementarias. Son **la posición de la reformista y el conservador, que suelen asumir la madrastra y el padre respectivamente, y ambas son necesarias en la construcción de una familia enlazada**.

ROL CONSERVADOR

Vela por la necesidad de preservar.

Suele asumirlo quien tiene hijos o quien tiene mayor conflicto con su ex.

Vela por la estabilidad de los hijos en un momento de cambio.

Se enfoca en el bienestar de los niños y cómo se adaptarán a la llegada de la madrastra, pero también en evitar conflictos con la ex.

Acostumbra a ir de la mano con el miedo y la culpa por someter a los niños a un cambio tan importante.

ROL REFORMADOR

Vela por la necesidad de crear espacio para el nuevo núcleo.

Suele asumirlo quien no tiene hijos o quien tiene una relación más pacífica con su ex.

Proviene de una necesidad de generar cambios que permitan crear un nuevo proyecto de pareja y establecer límites claros entre casas.

Acostumbra a ir acompañado de sensaciones de falta de control y desasosiego.

La resistencia a los cambios por parte del otro miembro de la pareja es percibida como falta de aceptación.

La reformista se enfoca en hacer los cambios necesarios para que un nuevo proyecto de familia pueda crecer, mientras que el conservador se enfoca en mantener una estabilidad que facilite la adaptación de los pequeños y evite conflictos con la ex. ¿Alguna vez te has parado a pensar que la prudencia de tu pareja está protegiendo vuestra relación del infierno que puede ser el conflicto con la otra casa? ¿Alguna vez ha pensado tu pareja que gracias a tu insistencia ha hecho cambios que ahora le permiten disfrutar de una nueva relación? ¿Alguna vez os habéis dado las gracias el uno al otro?

El síndrome del hombre bisagra

Debes saber que la mayoría de los padres separados tienen la sensación de que deben articular la relación entre sus hijos, su nueva pareja y su ex, y que hagan lo que hagan siempre hay alguien que queda descontento. Ven que sus esfuerzos nunca parecen ser suficientes y esto los llena de culpa, frustración y desánimo. Es lo que llamamos el «síndrome del hombre bisagra».

Ver los dos roles como parte de la dinámica de la pareja enlazada nos permite despersonalizar el conflicto y valorar la función de cada uno en las negociaciones, incluso cuando hay desacuerdos. Ya no es un enfrentamiento del uno contra el otro, sino el tira y afloja entre dos aspectos necesarios para la viabilidad de la familia. Es mucho más fácil ser flexible y ceder cuando la otra parte escucha y valora nuestras aportaciones, y esto va en los dos sentidos.

> Hay algo que me molesta sobremanera de mi pareja: le cuesta muchísimo mantener los límites que les pone a sus hijos. Si yo me planto e intento respetar la norma de la hora de acostarse para tener un rato

juntos, él termina cediendo y permite que sea más tarde. Si me planto en el tema de repetir comida sin límites, él no ve el problema. ¡Que coman lo que quieran! Aunque eso implique que los adultos comamos menos. Siempre nos veo envueltos en el tira y afloja por sostener o no las normas y límites y eso termina siendo motivo de disputa entre nosotros. Con el tiempo y mi propio aprendizaje he llegado a entender su necesidad de preservar y mimar el vínculo con sus hijos de esa manera. Pero también necesitaba un punto medio que nos cuidase como pareja. Y ahí pusimos nuestros esfuerzos.

38. El semáforo de la negociación

La relación sin conflictos no existe, y menos en la familia enlazada. Sin embargo, podemos aprender recursos de negociación para que los conflictos nos acerquen en vez de distanciarnos. El semáforo de la negociación es uno de ellos. Para empezar podemos imaginar nuestra posición en un tema determinado como un semáforo con sus tres colores: rojo, ámbar y verde.

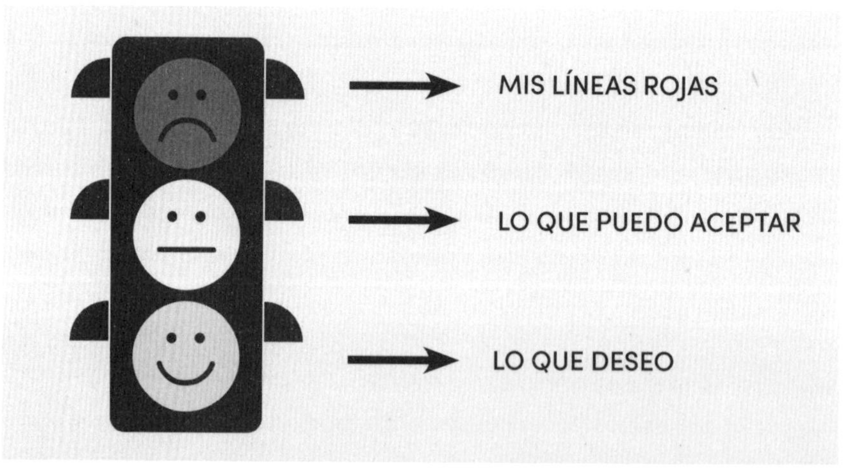

Verás que la técnica del semáforo te obliga a preguntarte internamente antes de hablar con el otro para responder a tres preguntas. Veámoslo con el ejemplo de la maternidad:

- **Pregunta 1 (verde):** ¿cuál es tu situación ideal sobre este tema? ¿Qué deseas? Mi deseo sería empezar a buscar un embarazo ahora.
- **Pregunta 2 (ámbar):** ¿qué aspectos de este tema puedes aceptar aunque no sean ideales? Puedo negociar el momento de empezar y otras condiciones.
- **Pregunta 3 (rojo):** ¿cuáles son tus líneas rojas, aquello que no puedes negociar? No puedo renunciar a la idea de, por lo menos, intentar ser madre mientras esté en edad fértil.

Tu pareja también puede plantearse cómo se siente al respecto y, a partir de ahí, la negociación se moverá entre las zonas verdes y ámbar de cada uno. Como propone Pilar de la Torre de acuerdo con el modelo de la comunicación no violenta, **el objetivo es que las conversaciones dejen de bascular entre «lo tuyo o lo mío» y crear puentes o puntos medios que permitan ir hacia «lo nuestro»**. Pero, cuidado, no pretendas resolver temas profundos en una sola conversación: hará falta tiempo y más de un encuentro.

39. No son sus hijos, es la madrastridad: hablad de ello sin dañaros

Hay temas que, por su contenido, siempre van a ser potencialmente complejos de abordar. Estos temas son la familia de origen, la relación con la ex y los hijos. Cuando los saques tu pareja tenderá a ponerse a la defensiva por dos motivos:

1. Porque se siente cuestionado como padre, como hombre o por sus decisiones pasadas, y eso atenta contra su autoestima.
2. Porque estás descargando tu frustración y enfado a través de la crítica hacia sus hijos, su familia o su historia.

Por supuesto necesitas un espacio de seguridad para abordar los temas que te afectan y tu voz debe ser escuchada, pero, si usas esas conversaciones como vía de descarga, quizás estás destruyendo la seguridad del otro y te vas a encontrar con un muro.

EJERCICIO DE EMPATÍA ANTES DE LANZARNOS A HABLAR:

- Imagina cómo te sentirías cuando tu pareja critica algo que ha hecho un ser querido para ti, indiferentemente de que tenga razón o no en su crítica.
- Imagina que tienes un proyecto desde hace muchos años y que te está costando encauzarlo últimamente. En una conversación, tu pareja critica tu posición con respecto a este proyecto tan personal y de tan larga duración, te señala todo lo malo que tiene y todo lo que haces mal, aunque no lo haga directamente.
- Imagina que ese proyecto es la relación con tu expareja (que ya sabemos que ha salido mal) o tus hijos, que actualmente están en un momento difícil y no sabes cómo gestionarlo mejor.

¿Cómo te sentirías?

Para poder hablar de todo esto con tu pareja, es necesario que cambies el foco: aunque sus hijos, la familia o la ex pueden ser complicados, tu verdadera fuente de malestar es la madrastridad, y tener esto en cuenta te ayudará a despersonalizar el conflicto.

Un día le dije a mi pareja que no quería asumir ciertas cosas del cuidado de su hijo y él lo vivió como un rechazo. Se enfadó y me reprochó que «qué tenía en contra del niño». Por suerte, en ese momento lo tuve claro: «Mi problema no es con tu hijo, es que para mí ser madrastra es muy complejo y sé que tengo que medir mis esfuerzos porque si me paso no me va a sentar bien». Ese cambio de foco nos permitió seguir la negociación sin hacernos daño.

Cuando abordes temas delicados, recuerda: NO ES LA PERSONA, ES LA CONDUCTA. NO ES POR TU CULPA, ES MI NECESIDAD. NO SON TUS HIJOS, ES LA MADRASTRIDAD. NO ES CONTRA TI, ES PARA UN NOSOTROS.

Reto:

Disfrutar de tiempo en pareja

Estáis tan absortos configurando la familia que se os olvida prestar atención a vuestra intimidad de pareja. La falta de conversaciones profundas, la carencia de tiempo de calidad y no encontrar momentos para preguntar: «¿Cómo estás?» hace que la conexión se resienta. A eso se suma la sensación de que tu compañero cambia radicalmente cuando aparecen sus hijos en escena. Cuando los niños se van, sin embargo, todo vuelve a la normalidad y se retoma el idilio de pareja. Pero por tiempo limitado. Y eso dispara una ansiedad cíclica. ¿Cómo puedo hacerle entender a mi pareja que esto está siendo más difícil de lo que parecía? ¿Cómo le explico que en realidad no está gestionando las situaciones como piensa?

Al final sientes que o eres el ogro porque eres la única que insiste en sostener normas y límites para dejar tiempo a la pareja o eres la sirvienta que asume que los niños lo ocupen todo y se pone a su disposición. En cualquier caso, el drama está servido.

> Hubo un momento en nuestra convivencia en que de verdad sosteníamos decisiones imposibles. Un horario lleno de actividades para los niños, una dieta llena de caprichos caros, toda nuestra atención en que jamás se aburrieran, etc. Además de las normas de convivencia, que se volvían hiperlaxas con su llegada. Y si alguien tenía que recordarlas era yo, el ogro.

Era agotador y la sensación al dejarlos en el intercambio era devastadora, como de tener que volver a reconstruirte tras haberte dejado la vida en el proceso de atender a los niños. Ya hubo un momento en el que fue imprescindible plantarse y tener una conversación seria de pareja, no podíamos seguir así. Al menos yo no podía seguir así.

40. Mantened la conexión de pareja cuando llegan sus hijos

Tu vida se frena con la llegada de tus hijastros, y tu pareja se transforma hasta el punto de que no le reconoces. Pero tú también cambias y sientes ansiedad, malestar, ira... Te sientes aislada y dejada de lado. Y termináis discutiendo.

Es habitual que tu pareja tenga dificultades para sostener la relación cuando sus hijos están en casa. La llegada de los pequeños le despierta sentimientos de responsabilidad exacerbados, miedo a perderlos, ansiedad y malestar. No encuentra la manera de unificar las facetas de padre y pareja en un mismo espacio y, como contigo se siente seguro, le resulta más sencillo pausar la relación que desatender a sus hijos. Al final, tú eres la adulta y deberías poder encajarlo, ¿no?

A eso le sumamos tu sensación de que la llegada de los niños supone poner en pausa toda tu vida y ceder el control a unos «pequeños tiranos». **Para ti, los hijastros significan desconexión de pareja. Pero, si lo señalas, eres una exagerada, estás siendo infantil y, además, eres injusta.**

Entre el miedo y la culpa de tu pareja, tu sensación de ser invadida y la necesidad de los hijos de encontrar su lugar, se produce una desconexión de pareja.

Partiendo de esta situación, ¿cómo podemos mantener la conexión de pareja? Ahí es donde entra la estrategia de la economía de mínimos, que consiste en lo siguiente:

1. **Asume que tu principal cuidadora eres tú misma y nadie más:** pon especial atención en no sobrepasar tus límites, activa todos los recursos que vimos en el primer capítulo para no perderte en el enredo de gustar y busca maneras de satisfacer tu necesidad de contacto y pertenencia con alternativas a tu pareja (amistades y aficiones te van a ayudar).
2. **Ten presente que tu pareja se encuentra en un momento de máximo estrés** y por tanto su capacidad para estar pendiente de la relación es menor de lo habitual.
3. **Cuando surjan momentos para los dos, aprovéchalos** para regalarte esa cercanía y conexión con tu pareja que tanto necesitas, en vez de desperdiciarlos con reproches y malas caras. El hecho de

haberte cuidado será clave para no llegar sobrecargada y te permitirá aplazar las conversaciones delicadas para otra ocasión.

4. Pero, ojo: esta estrategia solo funciona cuando los dos miembros de la pareja ponen especial cuidado durante los momentos de sobrecarga y además se comprometen a buscar tiempos para las conversaciones y las negociaciones necesarias.

Una estrategia a dos

Para que la economía de mínimos funcione ambos debéis ser conscientes de que este es un momento difícil para el otro y rebajar expectativas. Tu responsabilidad es mantener el autocuidado para no llegar cargada a los momentos de pareja. Al mismo tiempo, la responsabilidad de tu pareja es respetar tus estrategias de autocuidado, ejercer la paternidad y sacar algún momento para conectar contigo. Es un momento de máxima exigencia en que debéis colaborar para que la relación subsista, sabiendo que habrá momentos de mayor debilidad de cada uno en que el otro deberá implicarse más. **El truco es el equilibrio.**

41. Cuidad la intimidad y sexualidad de la pareja

La intimidad se alimenta de intimidad y este es un detalle que se nos olvida cuando nuestros hijastros están presentes. Perdemos el contacto físico, perdemos los espacios comunes (incluso nuestra cama muchas veces) y perdemos los momentos de intimidad (besos, abrazos, sexo).

Es tal la presión por ser buen padre y mejor madrastra que compensa mucho más dejar la pareja en *stand by* que encontrarle un hueco. Además, puede embargarnos el miedo a lo que los niños cuenten a la madre y que con ello alimenten el mito de que «no los cuidamos bien». Sea como fuere, la falta de roce astilla la relación y recuperar los espacios perdidos luego se vuelve una misión casi imposible.

No cedas tu cama

Una de las situaciones más habituales con la llegada de los hijastros es el debate sobre el colecho. ¿Es normal dormir con los hijos pasadas ciertas edades? El colecho es una práctica extendida y positiva siempre y cuando esté consensuada entre todos los miembros de la familia. Si los niños se meten en tu cama sin tú desearlo, os estáis obligando a un nivel de intimidad que no sentís y es violento. Si se espera que cedas tu lugar en la cama, **se refuerza la idea de que eres prescindible y se pone a los hijos en un lugar que no les corresponde**. Incluso cuando no estás, tu cama es tu cama, y solo tiene sentido cederla en momentos puntuales como una enfermedad. **En caso de que padre e hijos no estén preparados para dejar el colecho, deben buscar un nuevo espacio para practicarlo, como por ejemplo la habitación de los niños**. Tu dormitorio es tu espacio de intimidad y autocuidado, y representa tu lugar junto a tu pareja.

CÓMO FOMENTAR LA INTIMIDAD EN PAREJA CUANDO ESTÁN MIS HIJASTROS EN CASA

Las miradas dicen mucho con muy poco, compartid una sonrisa cómplice.

Un abrazo espontáneo en mitad del salón ayuda a recuperar fuerzas.

No perdáis los besos, ¡los niños sobreviven si os ven besaros!

Tócale mientras hace la cena, las caricias son sanadoras.

Pregúntale qué tal ha ido el día mientras os sentáis a la mesa.

Respetad el tiempo de sofá adulto.

Cuando mis hijastros eran pequeños y venían a pasar la semana con nosotros, el sexo desaparecía de nuestras vidas. Mi pareja no se veía capaz porque sentía que dedicar ese tiempo a nosotros era una forma de desatender a sus hijos. Por supuesto que eso me generaba muchísima frustración y tristeza. Me sentía rechazada. Poco a poco, fuimos hablando del tema, aceptando que no nos estaba haciendo bien a ninguno de los dos y pactamos ir probando con calma a reincorporar la sexualidad a nuestra vida de familia enlazada. Llevó tiempo, pero lo conseguimos. Creo que la clave del éxito fue hablar sin tapujos y negociar un punto medio que nos hiciera sentir bien a los dos.

42. Reconoced que ambos estáis en duelo (cuidado con las culpas)

Aunque aprendamos a negociar y a hablar sin dañarnos, aunque velemos por la conexión de pareja, aunque cuidemos nuestra intimidad..., habrá momentos en la familia enlazada donde nos embargará la frustración y el desánimo, porque las cosas raramente funcionan como nos gustaría y es agotador estar reajustándose constantemente.

En estos momentos es muy fácil que, por simple proximidad, en la pareja nos volvamos el uno contra el otro y tengamos pensamientos y actitudes superhostiles, diciéndonos cosas como:

«Si te esforzaras más, mis hijos querrían venir más a esta casa».

«Si no hubieses tenido hijos con tu ex, nada de esto estaría pasando».

«No pones suficiente de tu parte».

«Tu actitud es el problema».

Si te ha pasado, no es cuestión de flagelarte, sino de intentar un cambio de perspectiva que os cuide mejor, y uno de ellos es tomar consciencia de que ambos estáis en duelo.

Una de las fases del duelo es la rabia, y cuando estamos en ese punto solemos buscar culpables en quien descargar nuestro enojo. Eso es lo que estáis haciendo cuando os habláis así y la única salida es conectar con la tristeza, que es lo que está en el fondo de vuestro malestar: a los dos os gustaría que las cosas fuesen más fáciles, que las relaciones fluyeran mejor o que hubiese más entendimiento, y los dos estáis haciendo lo mejor que podéis con las herramientas que tenéis en una situación tremendamente compleja para la que nadie os había preparado. Y, aunque algunas cosas mejoran, hay muchas otras que no cambian, y eso asusta y duele.

Reconocer que a ambos os duele que vuestras expectativas no se hagan realidad va a desactivar el señalamiento y os permitirá hacer el duelo juntos, en vez de hacerlo el uno contra el contra el otro. **A veces, la conexión de pareja consiste en compartir la tristeza por lo que no es como deseábamos.**

Una vez discutíamos con amargura y mi compañero, frustrado, me dijo que por qué no podía implicarme más. Yo me sentí atacada, como si él no valorara mis esfuerzos por acercarme a su hijo, que eran muchos. Le dije que me daba cuenta de que a él le gustaría que hubiese más conexión entre su hijo y yo, y que debía saber que a mí también me hubiese encantado que fuese así. Que todo fuese más fácil, que mis esfuerzos hubiesen dado mejores frutos. Que había hecho lo mejor que se me había ocurrido para lograrlo. Que en ese momento no sabía qué más hacer y que necesitaba descansar. Aquello no nos puso contentos, claro, pero terminamos la conversación cogidos de la mano, acompañándonos en nuestro dolor. ¿Qué más podíamos hacer?

Uno de los grandes avances que hicimos como pareja fue cuando por fin pudimos expresar, desde nuestros puntos respectivos, que lo estábamos pasando mal. Que estaba siendo un proceso difícil, que no siempre era gratificante y que estábamos exhaustos. Fue maravilloso poder abrazarnos y reconocernos tras muchos desencuentros.

Reto:

Respetar la individualidad de cada uno

Como parte de nuestro aprendizaje social, hemos asumido que la felicidad en pareja debe ser constante y que cualquier conflicto o muestra de malestar es una fisura que puede llevarnos al abismo. Entendemos la pareja como un todo y perdemos la noción de que somos dos seres individuales que nos elegimos cada día.

Quizás esto te parece muy evidente en la teoría, pero cuesta asumirlo en el fragor del día a día, en que todo sería mucho más fácil si tu pareja y tú vierais las cosas de la misma manera, os entendierais sin hablar y vuestras prioridades estuvieran alineadas. Las diferencias que en teoría son preciosas y aportan riqueza a la vida, en la práctica suelen sacarnos de quicio y nos llevan incluso a cuestionarnos la relación una y otra vez.

Asumiendo que las diferencias son una realidad, y que además en la pareja enlazada los dos miembros ocupan posiciones muy distintas en la familia, se presenta el reto de aceptar el conflicto como parte de la relación (para eso trabajamos la negociación en el primer reto), aceptar las posiciones de ambos con el mismo nivel de validez y aprender a convivir con el desacuerdo. ¡A la larga incluso lo valoraréis!

Salvadoras y salvadores

Otra creencia sobre la pareja es que la otra persona será el bálsamo de nuestras penas y dolores, que estamos para protegernos y acabar con el malestar del otro. ¿Cuál es el problema de esta idea aparentemente tan bonita? **Pues que el padre se siente responsable del malestar de la madrastra, pero no sabe cómo resolverlo y en vez de escuchar y validarlo se pone a la defensiva o minimiza lo que la madrastra le dice.** Por otro lado, la madrastra intenta defender al padre de las injusticias de su ex o sus hijos y termina impacientándose con su pareja por no tomar las medidas que ella considera necesarias. ¿No sería más fácil si nos limitáramos a escuchar el malestar del otro, validarlo y acompañarnos mutuamente? Así podríamos respetar nuestras diferencias sin perder la conexión.

43. Consigue que las dificultades de tu pareja no te arrastren al barro

Una de las situaciones en que más cuesta respetar las decisiones de tu pareja es en relación con su ex. Es en este ámbito donde más sentimos que nuestra pareja no actúa de la forma en la que creemos conveniente: le cuesta poner límites, compartir información, etc.

A veces no se trata solo de que sus decisiones te afecten (que también), sino que la sensación de injusticia es tan grande que te puede llevar a tomar las riendas por tu cuenta y pensar: «Como él no es capaz de gestionar, gestionaré yo por todos». Cuando llegas a este nivel, corres un gran riesgo de alimentar sentimientos de desprecio y resentimiento hacia tu pareja y pasar por encima de él.

¿Qué puedo hacer si me encuentro en este punto y no veo la forma de dejar de sentirme así?

- **Recuérdate a ti misma que tu proceso personal y el de tu pareja son diferentes** a pesar de que estéis juntos en esto. Los tiempos de cada uno son distintos y tu verdad puede no ser la suya.
- **Tu posición externa** te brinda la posibilidad de desprenderte más fácilmente de los conflictos derivados de la familia enlazada y de ponerles límites. Como madrastra, tienes el poder de la perspectiva.
- **Acepta que tu pareja no se sienta preparado para gestionar límites hacia su expareja o sus hijos.** Tu compañero también necesita tiempo para regularse y tomar las medidas que necesite cuando se encuentre mejor. Si presionas, no va a poder hacer ninguna de las dos cosas.
- **Sugiere sin imponer.** Si tu compañero está de acuerdo, puedes proponerle vías de acción que te parezcan adecuadas, pero no presiones para que las adopte a tu manera. No pierdas de vista que solo propones para ayudar y no para imponer.
- Si tu pareja no te pide opinión, **limítate a abordar aquellas cuestiones que te afecten directamente**, con la idea de encontrar en común una solución que os tenga en cuenta a ambos.
- **No eres un cubo de basura, no tienes que tragarte absolutamente todo lo que te echen.** Las parejas tendemos a contarnos todo sin filtro porque nos convertimos en la persona de confianza y espacio de cuidado del otro. Sin embargo,

esto conlleva el riesgo de terminar siendo el cubo de la basura: recoger cada malestar, cada conflicto, cada situación que nuestra pareja nos comparta y asumirlo como propio. Limitar la interacción si nos hace daño ayuda a que cada uno sea responsable de regular su propio malestar sin dañar a la pareja.

- **Responsabilidad afectiva:** cuidar del otro no siempre significa tener que ponerle sobre la mesa soluciones a todos sus problemas, sino ayudarle a validar cómo se siente.
- **Define cuál es tu responsabilidad en el mantenimiento del conflicto:** ¿cómo estoy contribuyendo a que la situación de tensión empeore? ¿Me pongo a la defensiva cuando mi pareja se siente mal? ¿Me desregula percibir su malestar? ¿Qué puedo hacer para cambiarlo?

Cuando notes que las dificultades de tu pareja te arrastran al barro, en vez de tratar de dirigir sus pasos, céntrate en tu autocuidado.

Cuesta reconocer que muchas veces tú también eres una parte activa en el conflicto que hay entre casas. Que tu posición y la forma en la que estás dentro del meollo alimentan la llama de la guerra. Y cuesta mucho más soltar esa belicosidad para empezar a proteger y cuidar tu salud mental. Te lo dice una madrastra que ha estado tanto tiempo en guerra que casi se le olvida lo que es vivir tranquila y tener una vida normal llena de rutinas, amigas, tiempo de ocio y poco o nada de espacio para conflictos relacionados con la familia enlazada.

44. Deja de justificarte y pon en valor tu mirada

Hay tres grandes argumentos de fondo que pueden llevarte a desconfiar de tu mirada, tus acciones o tus sentimientos y sentir que debes justificarlos:

- Que no eres madre y por tanto no entiendes o no sabes.
- Que lo que pasa es que eres celosa, egoísta e infantil.
- Que en realidad lo que pasa es que no quieres a los niños.

Estos tres argumentos implícitos alimentan la desconfianza en ti misma y pueden empujarte a justificarte ante tu pareja y buscar su aprobación. ¡Es la amenaza del estereotipo que ataca de nuevo!

A lo mejor detectas dinámicas en casa que tu pareja no puede ver. A lo mejor gestionas ciertas situaciones de una manera diferente a como lo haría él. A lo mejor te posicionas emocionalmente con respecto a sus hijos o a su ex de una forma que no le gusta. Eso forma parte de tu individualidad y el hecho de que tu pareja no lo comparta no significa que esté mal.

Si algún día te pillas justificando tu manera de sentir o de actuar ante tu pareja, es que estás cayendo en la trampa de juzgarte. En vez de justificar tus acciones, afírmalas sin entrar en consideraciones de si quieres o no a los niños o si eres una celosa de la ex. Haces lo que haces porque es lo que consideras mejor, porque es lo que te sale o porque es lo que más te cuida, y eso es absolutamente válido.

A tu manera

Delegar en la madrastra tareas de gestión y cuidado de la familia es habitual. Al fin y al cabo, nuestra presencia ayuda a la conciliación de muchos padres. Pero así como, cuando le pides a un tercero que haga algo por ti, asumes que lo hará a su manera, con la madrastra no sucede lo mismo. A ella se le exige que cumpla a pies juntillas el proceder de los padres, bajo riesgo de que se desate una guerra mundial de reproches y, al final, la confianza de la madrastra queda minada. Esto es una realidad intolerable. Así que, **si la madrastra gestiona, la madrastra decide la forma de proceder**. Es así de sencillo.

La única vez que de verdad he sentido en todos estos años que quería hacer la maleta y marcharme de casa fue muy al inicio de la convivencia con mis hijastros. Todo se tenía que hacer de una manera establecida, superinflexible y, si te salías de ahí, lo estabas haciendo mal. Era tal la presión que sentía que tuve un ataque de ansiedad y me eché a llorar. Vino mi pareja a hablar conmigo y se lo dije a las claras: «Si lo tengo que hacer yo, lo tengo que hacer a mi manera. Ya basta de decirme todos cómo lo tengo que hacer en cada momento». Era insoportable. Tenía la sensación constante de hacerlo todo mal, todo el tiempo. Necesitaba probar, equivocarme y encontrar mi camino, pero no me dejaban.

45. Hay cosas en las que no os vais a entender. Aceptadlo y apostad por el respeto mutuo

Tu pareja no va a entender siempre cómo te sientes ni por qué tomas ciertas decisiones. Tú tampoco vas a entender las suyas. Y no pasa nada. Hay muchas cosas que se pueden negociar, pero las parejas no necesitan estar siempre de acuerdo en todo para trazar planes comunes ni para que su relación tenga futuro.

A medida que desarrollamos nuestra propia validación y la empatía por la situación del otro, aumenta nuestra capacidad para confiar en su buen hacer sin tratar de controlarlo: **encontrar el acuerdo en el desacuerdo.**

Cosas que tu pareja NO puede hacer como tú quieres:

- Ir a terapia (y que funcione como crees que debería).
- Gestionar a sus hijos de una forma concreta.
- Cambiar ciertas actitudes de su ex.
- Dejar de sentirse culpable.
- Sus duelos.
- Hacer su proceso a tu ritmo.

¿Cómo respetarlo sin volverte loca? **Pues soltando todo lo que no te corresponde.**

En esta fase yo necesitaba que mi pareja discutiese con la ex en mis propios términos, que pelease lo que yo consideraba importante y que le pusiera los límites que yo no le podía poner. Quería que educase a sus hijos a mi manera, que se gestionase el tiempo de ocio tal y como yo necesitaba y, pese a todo, seguía sin sentirme bien. Me sentía insatisfecha y sobrepasada. Y discutía con mi pareja acerca de todo lo que no hacía bien y lo mal que me estaba haciendo sentir. Estaba pagando el pato de una infelicidad que era mía y solo me correspondía a mí atenderla.

Cuando me deshice de la idea de pareja que tenía en la cabeza y pude aceptar quién era la persona que tenía delante, empecé a ser más feliz. Y empecé a confiar en que sabría gestionar los conflictos, no de la forma en la que yo lo haría, pero sí de una forma que nos beneficiaría a los dos.

Llegar a este punto de confianza y entendimiento de pareja requiere tiempo, práctica y una madurez en la relación que irá llegando en las fases posteriores. Aunque tu pareja y tú pongáis toda vuestra buena voluntad en entenderos, seguramente hará falta que toquéis fondo antes de cambiar realmente vuestra manera de relacionaros y vuestro enfoque sobre la familia que queréis formar.

Tocar fondo es lo que hacemos en la siguiente fase, la madrastra quemada, y esperamos que las herramientas que hemos trabajado te ayuden a aliviar un poco el malestar habitual de estos momentos, o por lo menos a encontrar más pronto una vía de salida.

Por ahora, veamos cómo sigue la historia...

FASE 3

La madrastra quemada

«No puedo más. Pero, si dejo de hacer, todo lo que he construido se irá al traste».

Esta fase es consecuencia directa de la anterior. Has estado con la atención puesta en mil frentes: los niños, la escuela, la familia, la casa, la ex, la pareja, y todo desde un lugar muy incómodo. A lo mejor hay aspectos en los que has encontrado un buen equilibrio, pero lo más habitual es que alguno se te haya cruzado y sientas que, por mucho que te esfuerces en contentar a todos, ser una buena madrastra y poner tu mejor cara, no dejas de recibir palos.

Este trabajo sostenido para lograr que la familia funcione en todas sus facetas y hacerte un lugar en ella, sumado a la tensión de sentirte siempre a prueba sin saber nunca qué posición adoptar termina por causar una profunda fatiga física y emocional, que es lo que subyace a la sensación de estar quemada.

Y es que incluso cuando las cosas van relativamente bien, que no siempre ocurre, tienes la sensación de estar trabajando constantemente sin que la familia llegue a ser el espacio de seguridad que deseas. Esta fase es la más desagradable de la madrastridad porque puede disparar niveles muy intensos de malestar. A veces sientes la necesidad de salir a la calle y gritar que no puedes más.

Por otro lado, **experimentar este agotamiento es absolutamente necesario, ya que a veces es la única manera de que pongas freno al sobreesfuerzo y te permitas, por fin, descansar.**

Sentir que no puedes más te aboca a una sensación de vacío, miedo y vergüenza muy desagradables: «¿Y si pierdo todo lo había construido?». Ya no puedes seguir cumpliendo con el papel que habías asumido, pero precisamente es ese vacío el que dejará espacio para que desarrolles tu propia manera de ser madrastra en las fases posteriores, sin depender de juicios, normas y expectativas ajenas. **Aunque te sientas fatal, no te estás muriendo, solo está muriendo el papel de madrastra perfecta.**

Así pues, **el objetivo de esta fase será escuchar el malestar que sientes para identificar tus áreas de sobreesfuerzo y ponerles límite** a la vez que afrontas los miedos, la culpa y también los roces que conlleva este cambio de actitud. Empieza a dejar de importarte no gustar a todo el mundo.

Fracasando en sentirte parte

Por mucho que hayas intentado hacerlo lo mejor posible, algo no termina de encajar. Quizás tus hijastros no te quieren como esperabas, no te sientes a gusto en tu propia casa cuando ellos están, la ex no ceja en sus maniobras o te sigues sintiendo desubicada en la familia de tu compañero. Al mismo tiempo, tu relación de pareja se desgasta a ojos vista y no te sientes a gusto ni contigo misma. Sin embargo, sigues esforzándote día a día.

La frustración que sientes por no llegar a sentirte parte de la familia hace que busques culpables en los que centrar tu resentimiento. Estás entrando en una fase de hastío que se vuelve difícil de controlar. Te sientes como una olla exprés a punto de explotar. Y piensas: «Si la ex no existiera, mi vida sería mucho más sencilla», «Mi suegra es una metomentodo que se encarga de malcriar a los niños y ponerlos en mi contra», «Mis hijastros son unos maleducados, nadie los pone en su sitio». Pero, sobre todo, **el resentimiento tiene nombre y apellidos**: «Toda la culpa la tiene mi pareja, por juntarse con esa persona odiosa y haber tenido hijos sin pensar lo que implicaba y, además, ¡no pone nunca límites!».

El síndrome de *burnout*

La rabia obsesiva que desarrollas en esta fase indica que el sobreesfuerzo te está pasando factura. Y no es la única sensación desagradable que tienes.

Tus emociones y tu organismo están disparados: estás irascible, cualquier detalle te hace estallar, te cuesta levantarte de la cama, de repente te encuentras llorando en el baño sin motivo aparente, has dejado de dormir, comes por ansiedad, sufres indigestión, eccemas, se te disparan las alergias, los catarros o la fibromialgia, se te repiten las infecciones en la zona urogenital. Estás hecha un cromo y nadie entiende por qué, ni siquiera tú misma. Así que cada vez te cuesta más salir de tu cueva y ver a tus amigas o tu familia. Te aíslas.

Además, **sientes un rechazo cada vez más visceral hacia los hijos de tu pareja**. A veces se manifiesta con frialdad emocional, pero también puedes llegar a sentir repulsión: todo lo que hacen te molesta, el contacto con ellos te repugna y cada vez es más difícil disimularlo. **Solo quieres poner distancia entre ellos y tú, pero temes perder el lugar que tanto te ha costado construir.** Y, lo que es peor, te corroen los celos al ver o imaginar a tu pareja disfrutando con ellos mientras tú estás sola y amargada. Sabes que, si se lo dices a tu pareja, probablemente se pondrá a la defensiva, te echará en cara tu falta de paciencia y al final lo rematará con un «No sé de qué te quejas, si eres tú la que se aísla». Y en parte tendrá razón.

¿Qué son los celos?

Seguramente no hay emoción más vilipendiada que los celos. Nos da vergüenza reconocer que los sentimos y muchas personas nos los echarían en cara como una tara despreciable: «Lo que pasa es que eres una celosa».

Pero no son una posesión infernal, sino una emoción social totalmente humana, un indicador de nuestro deseo en el ámbito de los afectos. Tenemos celos cuando vemos que otros gozan de un vínculo que nosotras anhelamos y además lo vemos (o imaginamos) desde un lugar de carencia, como si nosotras no pudiéramos acceder a ese nivel de intimidad. El rol de madrastras, en el cual tendemos a sentirnos fuera de la familia, nos hace altamente vulnerables a los celos. Por ese motivo, tantísimas madrastras en el mundo los sienten, no es porque sean unas brujas.

Si tienes celos, deja de fustigarte y acógete con más cariño que nunca, porque experimentarlos ya es bastante castigo de por sí. Recuerda que lo único que te señalan es el gran deseo que tienes de formar parte de la intimidad que ves entre tu pareja y sus hijos, y el profundo dolor o el miedo de no conseguirlo de la manera que te gustaría por el momento.

Si quieres hablarlo con tu pareja, la mejor manera es evitar hacerle cualquier reproche. Deja claro que no le criticas ni quieres que cambie nada y que solo quieres que te escuche. Una vez establecidas esas premisas, puedes expresar lo difícil que es para ti luchar por integrarte y después darte cuenta de que no formas parte de ese vínculo biológico o adoptivo que tienen. Que sabes que eso es así y no es culpa de nadie, pero que a veces duele.

Por último, si quieres actuar sobre los celos, repítete que forman parte de tu humanidad y que no eres inadecuada por tenerlos. Date un momento para sentir el dolor o el miedo de quedarte fuera y, si lo necesitas, busca la manera de darte a ti misma una experiencia de pertenencia. Puedes ser tú quien se acerque a tu pareja a darle una caricia, un beso o una mirada (aunque sabemos que lo que más cuesta cuando te sientes excluida es acercarte) o bien puedes quedar con personas con las que sí te sientas acogida y recordar que sí gozas de amor y pertenencia en muchos ámbitos de tu vida. Eso te dará fuerza para sostener los momentos en que quizás estás algo más apartada.

Atrapada en la disyuntiva entre el sufrimiento de quedarte y el sufrimiento de huir, **desarrollas un cuadro de ansiedad anticipatoria cada vez que sabes que tus hijastros van a venir a casa**. Dejas de dormir dos o tres días antes de que lleguen, cuentas los días y las horas hasta que se vuelvan a ir, te relajas un poquito el último día porque ya ves la luz al final del túnel y, cuando se van, estás tan agotada y distanciada de tu pareja que te cuesta días remontar. Días que no tienes, claro, porque al cabo de nada ya vuelven. ¡¿Dónde está el freno de emergencia?!

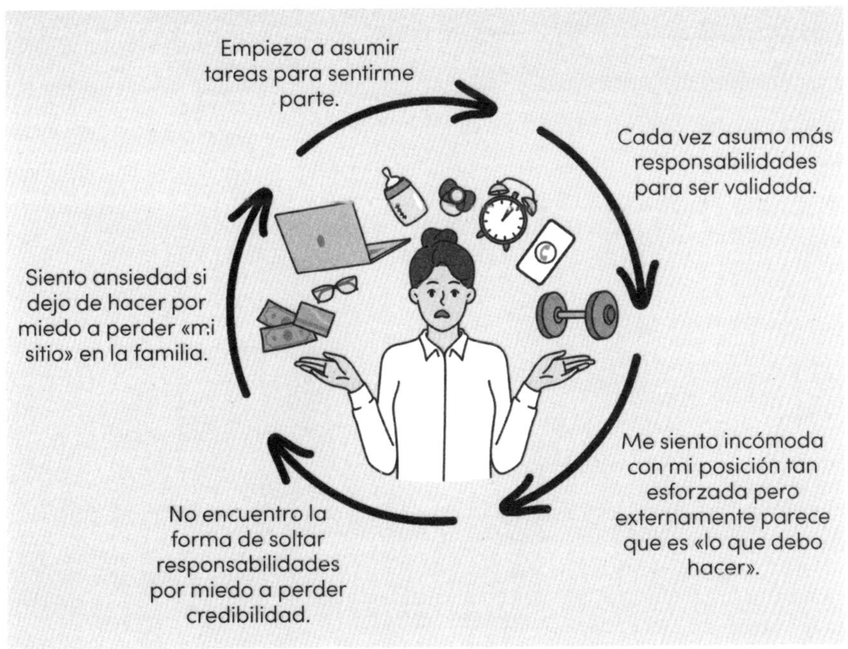

No hay freno de emergencia, amiga. Este tren no para y, por ese motivo, tu mente empieza a buscar vías de escape: **«¿Vale la pena sufrir tanto por esta relación?»**. La idea de la ruptura te ronda la cabeza y, de pronto, sientes miedo al imaginar que vuelves a empezar de cero. ¿Cómo te vas a ir ahora que has invertido tanto? ¿Vas a perder todo el esfuerzo, el tiempo y el dinero que has dedicado a esta relación para que funcione? ¿Vas a dejar que te ganen?

Como una espiral imparable, estos pensamientos se te agolpan en la mente y aparecen de forma intrusiva cuando sientes que no puedes más. Tus ganas de salir corriendo se vuelven insostenibles, pero el miedo actúa acrecentando tu inseguridad y hace que te lo cuestiones todo, hasta el punto de preguntarte: **«¿Será verdad que soy yo el problema?».**

Romper seguramente sería la opción más sensata, pero, si has llegado hasta aquí, quizás no estés dispuesta a tirar la toalla y entonces tu mente se tiene que poner cada vez más creativa. **Muchas madrastras empiezan a fantasear en secreto con la desaparición, más o menos escabrosa, de la ex o los hijos de su pareja y se sienten culpables por ello.** ¡Si supieran que hay otro millón de madrastras en el mundo que tienen exactamente los mismos pensamientos! No es que todas se hayan vuelto psicópatas en masa, solo es la mente de cada una buscando desesperada una salida a una situación que ya no puede sostener por más tiempo.

A medida que pasaba el tiempo, cada vez me costaba más estar presente cuando llegaba mi hijastro. Dejaba de dormir dos días antes y la ansiedad me consumía hasta que terminaba por huir justo antes de que el niño entrara por la puerta. Me aprendí los horarios de todas las bibliotecas de la zona, incluso en días festivos, para tener siempre un sitio donde meterme y no sentirme tan pringada vagando sola por la calle. Por supuesto que fantaseaba con que el niño y su madre desaparecieran por arte de magia. Perdí todo control de mis emociones, dejé de rendir en el trabajo y los estudios. Mi ánimo caía en picado y al final decidí irme de casa unos meses. Mi pareja y yo encontramos la confianza necesaria para seguir con la relación, pero tuve que distanciarme completamente de su hijo durante un tiempo, pues no toleraba ni escuchar su voz a través del teléfono. Fue una época muy dolorosa para todos y tengo claro que no era culpa del niño ni de mi pareja ni mía. Era un síndrome de *burnout* colosal y aquello fue como coger una baja de mi rol de madrastra, la cual después me ayudó a recolocarme en la familia.

Por mucho que alguien te hable del *burnout*, cuando te pasa a ti, cuesta no preguntarte si estarás perdiendo la cabeza. «¿Me estoy volviendo loca por pensar así? ¿Por sentir esto? ¿Soy una mala persona?». Estas son las preguntas con las que muchas madrastras llegan a la consulta y lo que vemos con dolor en todas ellas es que su autoestima se ha desplomado por completo. Piensan que en realidad no les pasa nada tan grave, que no tienen motivos para estar tan deshechas. Se dicen que, si no pueden vivir la madrastridad con alegría y aceptar a sus hijastros sin más, quizás es que algo anda mal en ellas. De esta manera, al malestar propio de la madrastridad se suma un malestar quizás mayor, que es la vergüenza de sentirse profundamente inadecuadas como mujeres y como personas.

En realidad, como decíamos al inicio, **todos estos síntomas que hemos ido nombrando son efecto de haber vivido demasiado tiempo en un estado permanente de alerta e hiperdemanda** para hacerte un lugar en casa desempeñando un rol que puede llegar a ser literalmente imposible. Si además de sentirte exhausta se dispara tu malestar y empiezas a somatizar, puedes sospechar que has desarrollado un síndrome de *burnout*.

El síndrome de *burnout* fue identificado por primera vez en el ámbito laboral por Herbert Freudenberger. El autor lo definía como una **«sensación de fracaso y una existencia agotada o gastada que resultaba de una sobrecarga por exigencias de energías, recursos personales o fuerza espiritual del trabajador»**. Después se ha visto que los roles que desempeñamos fuera del trabajo también pueden tener el mismo efecto, pues también nos exponen al llamado «estrés de rol». Los roles más estresantes y perjudiciales para la salud son los que presentan, entre otros aspectos:

- **Ambigüedad de rol:** la persona no sabe qué se espera de ella o las expectativas sobre ella cambian constantemente sin que tenga una información clara al respecto. Es la eterna paradoja de la madrastridad: mal si haces y mal si no haces.
- **Conflicto de rol:** las demandas del rol son incongruentes entre sí o incompatibles con la tarea que se le asigna. Ya sabes: «Quiérelos como si fueran tus hijos, pero no trates de ser una madre», «Asume su cuidado, pero no trates de ejercer ninguna autoridad», etc.
- **Sobrecarga de rol:** las exigencias del rol sobrepasan los recursos de tiempo y energía de la persona (como hemos visto en el capítulo anterior).
- **Cautividad de rol:** la persona se siente atrapada en un rol que no desea. Si quieres seguir con tu

pareja, no puedes dejar de ser madrastra. Además, si te vas a tu aire cuando están los niños, tu pareja puede recriminarte que no estás comprometida con la familia y se te abre otro frente de conflicto.

- **Hostilidad o aislamiento interpersonal:** la persona no tiene la sensación de formar parte de un equipo y se siente aislada o rodeada de un entorno hostil. Eres la nueva, algunas personas están molestas por el simple hecho de que existas y encima tienes dificultad para sentirte cómplice con tu pareja.
- **Falta de control:** la persona no puede predecir la respuesta del entorno a sus acciones ni prevenir o controlar las situaciones adversas. ¿Cuándo llegará el próximo cambio de agenda, la próxima pataleta infantil o la próxima demanda de la ex? ¿Cuántas cosas ocurren en casa en las que sientes que no tienes voz?

A estas alturas seguro que ya puedes ver de qué manera el rol de madrastra te hace especialmente vulnerable a sufrir *burnout*, incluso aunque seas una persona fuerte y resiliente.

Lo más importante del trabajo terapéutico en este momento es darte cuenta de que el rechazo a tus hijastros, las fantasías asesinas o la irascibilidad no significan que se cumpla en ti el estereotipo de la madrastra malvada, aunque estés empezando a ver a las madrastras de Disney con otros ojos. Tampoco es que tus hijastros, tu pareja o la ex sean el demonio. Más bien **es tu cuerpo avisando de que este rol, tal como lo has desempeñado hasta ahora, es insostenible. Y el deterioro de tu salud física y mental lo corrobora.**

EL *BURNOUT* DE LAS MADRASTRAS

SÍNTOMAS FÍSICOS
Sufres insomnio, ansiedad, indigestión, eccemas, y engordas o dejas de comer.

RABIA INCONTENIBLE
El más mínimo detalle te saca de quicio y la tomas con tus hijastros, tu pareja o la ex de manera obsesiva.

AGOTAMIENTO FÍSICO Y EMOCIONAL
Ya no puedes asumir más responsabilidades: un cambio de agenda de tus hijastros te desborda.

EMOCIONES DISPARADAS
Te levantas decidida a poder con todo, pero a mediodía explotas de ira y por la noche te brota un llanto inconsolable.

FANTASÍAS DE ESCAPE
Te imaginas alejándote de todo o fantaseas con la desaparición de tus hijastros y/o de su madre.

El duelo arrecia

Durante la fase de esfuerzo, intentaste alcanzar tu ideal de familia a pesar de todos los condicionantes. Intentaste querer, ser querida, formar una familia unida, poner fin al conflicto con la ex, etc. En el fondo, estabas en fase de negación, evitando afrontar el hecho de que, al unirte a una persona con hijos, tu familia y tu papel en ella no iban a ser como deseabas.

Sin embargo, el *burnout* te enfrenta a tus límites para continuar el sobreesfuerzo y, por tanto, las fantasías empiezan a desmoronarse. El malestar con tus hijastros, la implacable presencia de la ex y el resentimiento con tu pareja te han llevado más bien a las antípodas de tus ilusiones y ahora el duelo del que hablábamos en la fase de esfuerzo pulsa con más intensidad que nunca.

Debemos tener presente que el duelo es el proceso que se activa ante cualquier pérdida, no solo ante el fallecimiento de un ser querido. Como nos recuerda Concepció Poch Avellan, debemos entender la pérdida en sentido amplio; no se activa solo con el fallecimiento de alguien a quien amamos, sino que **la vida está llena de duelos por las cosas y relaciones que dejamos de tener o aquellas que esperábamos y no llegan.** Se aplica tanto en el ámbito material como en el psicológico. Teniendo esto en cuenta, ¿qué pérdidas puedes identificar en tu proceso de madrastridad?

Sean cuales sean, ya no hay posibilidad de negar tus pérdidas y la rabia se desata, intercalada con momentos de dolor profundo. Así pues, necesitarás conocer un poco más sobre el proceso de duelo si no estás familiarizada con él.

Los cinco estadios del duelo

La psiquiatra Elisabeth Kübler-Ross identificó cinco estadios del duelo por el que todas las personas pasamos con más o menos intensidad cuando vivimos una pérdida y que están muy presentes en la madrastridad.

Tradicionalmente, se ha explicado el duelo como un proceso marcado por las cinco fases que identificó Elisabeth Kübler-Ross. Este enfoque nos ha ayudado mucho a identificar y comprender el duelo, pero de una forma pasiva, como si pasar de una fase a otra fuese solo cuestión de tiempo. Para ampliar el trabajo sobre el duelo, la psicoterapeuta Alba Payàs remarcó que el duelo no es pasivo, sino que para completarlo debemos abordar las tareas que le son propias:

- **Aceptar la realidad de la pérdida:** asumir que tu realidad familiar está lejos de ser como esperabas y mirar de frente lo que has dejado atrás.
- **Trabajar las emociones y el dolor de la pérdida:** permitirte sentir la rabia, el dolor y todas las emociones relacionadas con la pérdida y buscar un entorno seguro donde poder expresarlas.
- **Adaptarte a un medio en que lo que se ha perdido está ausente:** aprender a vivir en un núcleo familiar donde muchas de las cosas que esperabas no están (y muchas de las que no deseabas, sí). También toca recolocarte para buscar formas alternativas de satisfacer tus deseos y necesidades teniendo en cuenta tu nuevo contexto familiar.
- **Recolocar emocionalmente la pérdida y seguir viviendo:** continuar la vida con paz y satisfacción de manera que la pérdida que has sufrido no te impida encontrar motivos para disfrutar y valorar tu vida y tu familia tal como son.

El duelo de la madrastra se complica porque, al no haber permiso social para estar tristes y para nombrar nuestras pérdidas, las tareas del duelo quedan bloqueadas. **El duelo de las madrastras no está autorizado y, por tanto, no hay espacio para reconocer tu dolor ni comprensión suficiente por parte de quienes te rodean.**

A pesar de la dificultad, es importante recuperar el diálogo interno para reconocer tus motivos de dolor, para sentirlo y para buscar personas con quienes expresarlo que puedan compartir contigo una gran verdad: «Tranquila, no pasa nada si estás triste. Es normal que necesites tiempo para llorar o para cagarte en todo. Pero esto es una fase y también pasará».

Tener a alguien que te escuche sin tratar de eliminar tu dolor ni alimentar la rabia contra el mundo también te servirá para escucharte y verbalizar los sentimientos difíciles. Es como coger una linterna e indagar en los rincones más oscuros de tu persona, donde has almacenado tanto dolor, y empezar a sacar cajas y cajas de polvo, para arrojar luz a los recovecos de tu alma, tomar perspectiva y sentir alivio por poder poner nombre a tus emociones. Al fin y al cabo, llevas mucho tiempo silenciando tu propia voz y ya es el momento de recuperarla.

La luz de gas o *gaslighting*

Cuando hablamos de la voz de las madrastras, tenemos que hablar también de la luz de gas. **Es una de las principales estrategias que adopta nuestro entorno para acallarnos cuando tratamos de expresar nuestro sentir y rebelarnos contra el rol imposible de la madrastra.** Seguramente puedes mirar atrás e identificar momentos en que expresaste un sentimiento incómodo o un límite personal y alguien te tachó de loca. De manera muy sutil, esos comentarios te hicieron sentir inadecuada y dudar de ti misma hasta el punto de preguntarte: «¿Estoy exagerando?» o «¿Soy mala por pensar esto?».

La luz de gas es un mecanismo de manipulación muy sutil pero efectivo. Consiste en cuestionar de manera sistemática la percepción de la otra persona hasta lograr que dude de sí misma.
Esta forma de violencia psicológica se utiliza para que dejes de expresar sentimientos incómodos, de exigir tener voz en las decisiones que te afectan o de expresar tus límites. Con esta estrategia, **la otra persona consigue que te sometas al papel que tiene previsto**

para ti, que normalmente coincide con que seas una madrastra abnegada, amorosa y complaciente.

Es una estrategia de poder que puede usar desde tu pareja hasta una amiga o tu familia y que cala en ti porque te encuentras en un rol estigmatizado que te hace vulnerable. Cuidado, quien te hace *gaslighting* no tiene por qué ser una «mala» persona. Es alguien que se encuentra incómodo, abrumado o que tiene miedo cuando intuye que quieres romper con el *statu quo* y usa su posición en la relación para acallar tu voz a través de la manipulación.

Las frases basura del *gaslighting* nos empujan a continuar con el sobreesfuerzo y, además, son un mecanismo de desautorización de nuestro duelo.

Las situaciones más habituales en las que pueden hacerte luz de gas son:

- **Cuando cuestionas la manera en que tu pareja gestiona alguna situación relacionada con sus hijos o su ex** y su respuesta es «Eres una exagerada», «Eso no es así», «Lo que hago es lo normal», «Esto lo estoy haciendo por este motivo, pero tú no eres capaz de verlo», etc.

Me incomoda que tu ex te mande mensajes de texto cada día que al final rompen nuestros momentos, ¿habría alguna manera de cambiar esto?

Ya estás con lo mismo. Es que estás obsesionada con ella. ¿No ves que es la madre de mis hijos y es normal que nos comuniquemos?

- **Cuando te sientes al límite y necesitas parar pero el entorno no te valida** porque «tú eres la adulta», «tú debes adaptarte a los hábitos que ya tienen», «ya sabías dónde te metías cuando empezaste con una persona con hijos», etc.

Estoy harta de los cambios de agenda a última hora. Necesito poder hacer algún plan contigo sin que al final se vengan tus hijos cuando no tocaba.

Si mis hijos quieren venir, no puedo decirles que no. Ellos son lo primero y, si no lo entiendes, es que algo te pasa. Cuando empezamos ya sabías lo que había.

- **Cuando te sientes deprimida o con ganas de llorar porque la madrastridad te supera, pero te recuerdan que no tienes motivos para estar así** «porque tienes al lado una pareja que te quiere».

A veces siento que voy a explotar...

Ay, ¿no estás exagerando? Tienes suerte de tener a tu lado a un hombre que te quiere ¡y los niños te aceptan! Tú eres la adulta y tienes que hacer un esfuerzo.

- **Cuando te cuestionan tus acciones como madrastra** porque «no te ocupas lo suficiente de tus hijastros» o bien «te ocupas demasiado e intentas ocupar el lugar de la madre».

Estoy fatal, mi hijastra está pasando un momento difícil y no sé cómo ayudarla.

¿No crees que te implicas demasiado? Que no es tu hija, eh.

- **Cuando pones de manifiesto que alguna de tus necesidades no está siendo atendida** y te recuerdan que «eres una egoísta», «lo primero son los niños», etc.

Oye, la semana que están tus hijos es dura para mí y necesito que busquemos algún momento para estar juntos..., algo de tiempo de pareja.

¿Dura? Pero ¿qué es lo que tienes contra los niños? Lo que pasa es que eres una celosa y quieres que esté solo por ti. Cómo se nota que no eres madre.

- **Cuando queremos dejar alguna responsabilidad** y nos repiten o reprochan que no nos implicamos suficiente.

La próxima vez que salgas de viaje, prefiero no quedarme yo con los niños. ¿Puedes organizarlo para que estén con la madre?

Si no quieres quedarte con ellos, ¿qué tipo de familia somos? Las familias se apoyan. ¡Si fueran tus hijos, yo no tendría problema en cuidarlos y los querría como si fueran míos!

La consecuencia directa de estas estrategias ya las conoces, porque es justo lo que estás viviendo: dudas de ti misma, temes expresarte por las respuestas que puedas recibir, estás decaída, sientes desinterés, ansiedad, tristeza, falta de autoestima y, en definitiva, crees que eres invisible.

Terminas diluyéndote y buscando formas de cambiar para conseguir encajar en esa idealización del otro, dejar de sentirte cuestionada e inadecuada y conseguir (por fin) la validación que necesitas. ***Spoiler*: la validación nunca llega por el camino de la sumisión. Y esta es la leña que alimenta el fuego de tu *burnout*.**

En el trabajo de este capítulo, veremos estrategias para sortear el *burnout* y no perder la libertad personal, pero antes, vamos a quitarles fuerza a las frases basura con un ¡Bingo: edición madrastra! Marca todas las frases que te hayan dicho y consigue fabulosos premios.

BINGO

POR CADA LÍNEA QUE HAGAS, TE REGALAMOS UN «TÚ LO QUE TIENES QUE HACER ES...».

Nombre de la madrastra: ______________________

Tú no eres nadie.	No eres madrastra porque su madre no está muerta.	No lo entiendes porque no eres madre.	No seas egoísta, solo son niños.	No tienes motivos para estar así.
Yo, si fuese tú...	Tú eres la adulta.	Tienes que comprender que una madre es una madre.	Ay, es que no me gusta que te llames madrastra.	Mis hijos son lo primero.
Ella (la ex) también lo está pasando mal, entiéndela.	Lo normal es quererlos como si fuesen tuyos.	**Premio: una escoba de bruja**	Es muy infantil tener celos de unos niños.	Tienes que aceptar que a ti te encontró en la calle.
¿Qué tienes en contra de los niños? ¡Todo lo que hacen te molesta!	Ya sabías lo que había.	Tú te lo has buscado.	Estás obsesionada.	¿Para qué quieres hijos si ya tienes hijastros?
No te entrometas en el lugar de la madre.	No puedes pretender llegar y que te respeten.	Una familia debe apoyarse y mantenerse unida.	Estás histérica.	Te pones como una loca.

IMPORTANTE: si la luz de gas es algo puntual, podemos bloquearla con humor o con alguna de las técnicas asertivas que veremos más adelante. Todo el mundo la usa en algún momento. Sin embargo, si se convierte en la tónica cada vez que expresas algo incómodo para la otra persona y notas que tu confianza en ti misma se está deteriorando, es señal de que se está cruzando una línea roja y te recomendamos buscar ayuda profesional.

La desilusión de pareja

La madrastra quemada ha llegado al límite a nivel emocional. Se siente rabiosa, dolida y desorientada. Ya no puede sostener la imagen de familia feliz por más tiempo y eso impacta directamente en las ilusiones del padre, que quizás seguía en fase de negación pensando que las cosas no iban tan mal y que, con tiempo y esfuerzo, lograrían formar una familia unida.

Aunque el sobreesfuerzo ya pesaba en la madrastra durante la fase anterior, lo escondía bajo una sonrisa y el padre interpretaba que todo se estaba acoplando según lo esperado, a pesar de los altibajos. Por eso la explosión de la madrastra lo pilla desprevenido: «¿Pero a qué viene esto? ¡Si hasta ahora todo iba bien!».

Las discusiones se vuelven cada vez más frecuentes.

Tú expresas tu resentimiento por todas las cosas que hasta ahora has tragado sin desearlo. Criticas las decisiones parentales de tu pareja, la relación que tiene con su ex y el comportamiento de sus hijos. Él está abrumado por el conflicto, dolido por cómo lo juzgas y por cómo hablas de sus hijos. No sabe cómo encajar tanto malestar, le asusta hacer cambios en casa y puede llegar a responder minimizando tus sentimientos, cuestionando tu percepción o bien poniendo en ti toda la responsabilidad. En estos momentos es cuando puede recurrir a la luz de gas.

Cuanto más te cuestiona tu pareja, más acuciante se hace tu necesidad de que comprenda lo que estás pasando y respete tu sentir, pero la espiral de dolor ya parece imparable y no hay espacio para la escucha. Habéis entrado en un modo de comunicación hostil que va *in crescendo*: veis al otro como el enemigo y la idealización que habíais construido se derrumba por completo. Otra pérdida que sumar al montón que ya arrastrábamos.

La mezcla explosiva que ya se intuía en la fase anterior, entre los retos de alta complejidad de la familia enlazada y la falta de unas raíces sólidas en la pareja, ha saltado por los aires. Se hace evidente que aún no habéis tenido tiempo de construir la cultura comunicativa necesaria para abordar las dificultades que se os presentan.

En este punto, es necesario frenar. Por mucho que cueste, **es necesario dejar de esperar que tu pareja resuelva tu malestar y, al mismo tiempo, debes parar los intentos de sostener sus ilusiones y resolver sus dificultades**. Ya os habéis decepcionado el uno al otro y así debía ser porque las expectativas que teníais eran imposibles. Ahora cada uno debe tomar responsabilidad sobre lo suyo para aliviar la presión en la pareja. Solo así se abrirá espacio para desarrollar poco a poco una comunicación más madura.

La responsabilidad afectiva

Durante mucho tiempo, hemos perseguido el ideal de la pareja «telépata», la que es capaz de leerse la mente, pero así, sin darnos cuenta, hemos sobrecargado al otro con la responsabilidad afectiva de adivinar lo que necesitamos. De tener una bola de cristal. Además, las mujeres **nos hemos creído que éramos valiosas en la medida en que nos hacíamos másteres de la bola de cristal y actuábamos para satisfacer las necesidades de los demás antes de que ellos se dieran cuenta de que las tenían.** Sin embargo, la realidad es bien distinta y perseguir este ideal es el camino perfecto para la infelicidad de pareja. Por eso es importante que cada uno se responsabilice de su cuidado emocional y aprenda a expresarse de manera asertiva.

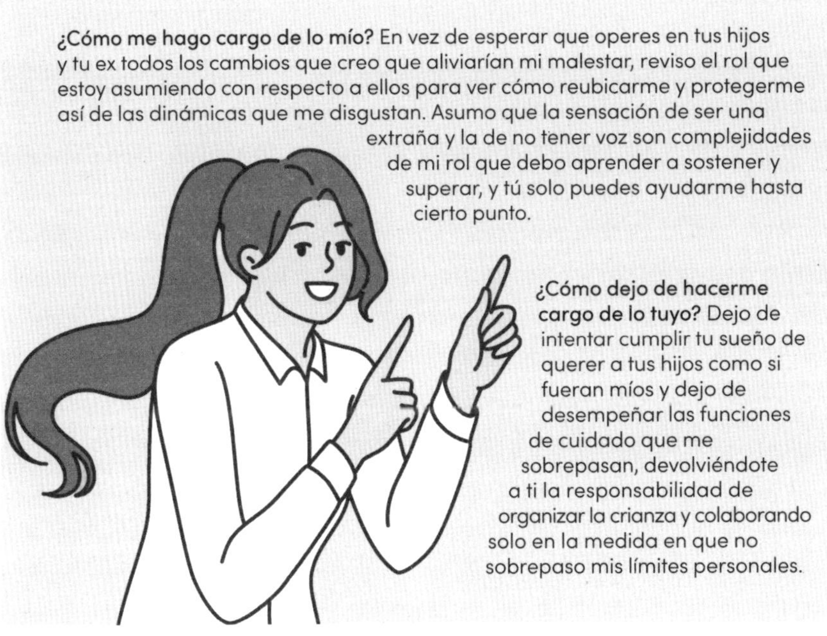

¿Cómo me hago cargo de lo mío? En vez de esperar que operes en tus hijos y tu ex todos los cambios que creo que aliviarían mi malestar, reviso el rol que estoy asumiendo con respecto a ellos para ver cómo reubicarme y protegerme así de las dinámicas que me disgustan. Asumo que la sensación de ser una extraña y la de no tener voz son complejidades de mi rol que debo aprender a sostener y superar, y tú solo puedes ayudarme hasta cierto punto.

¿Cómo dejo de hacerme cargo de lo tuyo? Dejo de intentar cumplir tu sueño de querer a tus hijos como si fueran míos y dejo de desempeñar las funciones de cuidado que me sobrepasan, devolviéndote a ti la responsabilidad de organizar la crianza y colaborando solo en la medida en que no sobrepaso mis límites personales.

El miedo

Asumir que el otro no va a aliviar tu malestar es una pastilla difícil de tragar, pero dejar de intentar satisfacer las expectativas de tu pareja puede causarte auténtico pavor. Dejar responsabilidades, abandonar el sobreesfuerzo, decir «no», o estar más a lo tuyo cuando antes estabas disponible para lo que fuese son cambios que parecen pequeños, pero que hacen temblar el suelo que pisas.

Por un lado, dejas el guion femenino de la mujer de familia y te quedas sin referentes positivos que seguir. «Si no soy una buena mujer-madrastra, entonces ¿soy una mala bruja?». Siempre nos han vendido que no hay otras opciones, así que ahora deberás hacer acopio de autoconfianza para trazar un nuevo camino sin caer en la desvalorización, sin dar demasiado crédito a los posibles reproches de tu pareja y sin doblegarte ante el cuestionamiento del resto del mundo.

Por otro lado, deberás hacer de tripas corazón y decepcionar las expectativas que otros habían puesto en ti. Sobre todo tu pareja.

Durante las primeras fases, creíste que tu valor en la familia dependía de ser fabulosa, así que la idea de dejar de serlo te llena de miedo. Temes perder el afecto y la valoración de las personas que te importan, incluso tu propia autoestima.

Por todos estos motivos, **dejar el papel de supermujer se siente como un auténtico salto al vacío**. No sabes si encontrarás una red de afecto que te recoja o caerás en el rechazo que tanto has temido. No sabes en qué territorio aterrizarás ni cómo construirás un nuevo camino una vez que hayas quemado los mapas viejos. «¿Cómo ser madrastra sin dejar de ser yo?».

La desorientación, el miedo al rechazo, la culpa por no hacer lo que se espera de ti y la vergüenza de no ser suficientemente buena son las emociones que te van a acompañar en este salto. **Miedo, culpa, vergüenza y falta de referentes son el cuarteto que mantiene a las madrastras bajo el mandato de abnegación.** Cuando te saltas este mandato, estos cuatro jinetes del apocalipsis se ciernen sobre ti y te hacen creer que es el fin del mundo. Pero ahora que ya los has visto asomar la patita, no dejes que te engañen: si vienen a visitarte, es señal de que vas por buen camino hacia una vida libre de exigencias imposibles. Garantizado.

La culpa y la madrastra

La culpa es una emoción de índole social que nos avisa cuando nuestras acciones contravienen los estándares sociales establecidos. El malestar que genera nos lleva al **cuestionamiento interno** para, de nuevo, **volver a apretarnos las tuercas y tratar de encajar.**
Lo «bueno» de la madrastridad es que siempre estás contraviniendo alguna norma y eso te va insensibilizando de la culpa hasta que por fin te liberas y dices: «Basta».
Aunque me sienta culpable, ya no quiero seguir dejándome la vida para cumplir estándares que no van conmigo.
Antes la culpa que más *burnout*.

Aceptar que la culpa, el miedo y sus otras amigas irán contigo es la clave del cambio, sea cual sea tu determinación final. Ya no tratas de evitarlas, sino que las invitas a ir contigo en el movimiento de trazar un nuevo camino, aprovechando por primera vez una ventaja que hasta ahora no habías apreciado como tal. **La madrastridad te brinda la oportunidad de utilizar tu posición de forastera para poder dar un paso atrás y recuperar tu poder de redefinir el rol de acuerdo a lo que realmente sientes en cada momento.**

Durante este proceso, no olvides la máxima:

NO SOSTENGAS LO INSOSTENIBLE.

TÚ NO ERES EL PROBLEMA, ES LA SOCIEDAD LA QUE NO ACEPTA TU ROL.

NO MERECE LA PENA ENCAJAR A CUALQUIER PRECIO, Y MENOS SI EL COSTE ES TU SALUD MENTAL.

✓ Soltar la idea de madrastra o familia ideal y prepararte para revisar tu rol.

✓ Establecer límites como herramienta enfocada al autocuidado.

✓ Alejarte del drama.

Reto:

Soltar la idea de madrastra o familia ideal y prepararte para revisar tu rol

Cuando percibes que, si encuentras otro calcetín tirado fuera de sitio, va a estallar un volcán de meses o años de silencios mantenidos «por el bien de todos», déjanos decirte que estás en el techo del *burnout*.

Como hemos visto, el estrés de rol es la causa de lo que sientes ahora, así que basta de callarte e intentar cambiar para adecuarte al rol de madrastra ideal. Vamos a darle la vuelta a la situación y **empezaremos a dar pasos para que sea tu rol el que se adecúe a ti y a tu realidad familiar**. Aunque no te lo parezca, hay muchísimas maneras de ser madrastra y necesitas un tiempo para encontrar la tuya.

46. Toma distancia y suelta responsabilidades

Cuando una trabajadora desarrolla *burnout*, necesita una baja laboral para recuperarse porque no es posible sanar sin reducir la exposición a las fuentes de estrés que causan el desequilibrio. Por este motivo, **el primer paso de recuperación es permitirte un distanciamiento**.

Algunas madrastras necesitan abandonar la convivencia un tiempo, a otras les basta con pasar menos tiempo con sus hijastros, aunque vivan bajo el mismo techo. Algunas eligen dejar ciertas responsabilidades y hay otras cuya mayor fuente de estrés es la relación con la ex y deben tomar distancia con respecto a ese conflicto.

Empezar por cosas pequeñas te ayudará a romper la barrera del miedo a perder tu lugar y aliviará tu sensación de cautividad. Si por el momento no encuentras una tarea que abandonar (porque te sientes insegura o crees que sería un problema vital que dejases de encargarte de ella), puedes empezar a ejercerla con menos autoexigencia. **No tienes que estar siempre al cien por cien para formar parte de la familia.**

Durante los primeros meses, cuando estaba mi hijastro, no me ausentaba ni para ir al baño. Dejaba la puerta abierta y a veces él entraba y seguía contándome cosas mientras yo hacía pis. Uno de mis primeros pasos fue atreverme a echar el pestillo y tomarme unos minutos de tranquilidad. ¡Incluso me atreví a pronunciar las palabras «No estoy disponible»! Para mi sorpresa, cuando salía del baño no se habían olvidado de mí.

Por otro lado, cuesta reconocer que **las madrastras podemos llegar a convertirnos en un pilar fundamental de la conciliación en casa**, por este motivo el momento de comunicar y llevar a cabo los cambios es especialmente crítico. Asumir que es posible que tu pareja se enfade y no pasa nada te ayudará a avanzar. Además, en el siguiente reto veremos recursos concretos para establecer tus límites. Por ahora, aquí te dejamos una sugerencia.

47. Audita tu rol

Debes tener en cuenta **que el rechazo que quizás sientes hacia tus hijastros o tu pareja en realidad es un rechazo al rol que desempeñas cuando los niños están en casa**. Por este motivo, a medida que transformes el rol, el rechazo se irá haciendo cada vez menos visceral.

Ahora que has tomado un poco de distancia, es el momento de revisar qué forma tiene tu madrastridad: ¿cómo es tu vida cuando los niños están en casa? ¿Cómo te ubicas ante los conflictos con la ex? Toma papel y lápiz y empieza a observarte con una mentalidad objetiva. La observación puede llevarte varias semanas y puedes volver a hacerla periódicamente.

HIJASTROS:

- ✓ ¿Qué responsabilidades de crianza he asumido?
- ✓ ¿Qué cosas me obligo a hacer y cuáles no me permito?
- ✓ ¿Cuáles son las que más disfruto?
- ✓ ¿Con cuáles obtengo reconocimiento y cuáles son las más ingratas?
- ✓ ¿Qué «faltas» del padre y de la madre estoy intentando contrarrestar?

EX:

- ✓ ¿Qué papel asumo en los conflictos con la otra casa?
- ✓ Si la madre hace cambios de planes, ¿cómo impactan en mi vida?
- ✓ ¿Qué miedos tengo con respecto a ella?

PAREJA:

- ✓ ¿Cómo es mi relación de pareja cuando están los niños?
- ✓ ¿Qué aspectos de la familia enlazada impactan más en mi relación de pareja?
- ✓ ¿Cómo organizamos la economía alrededor de sus hijos y su ex (y mis hijos y mi ex, dado el caso)? ¿En qué aspectos estoy cómoda y en cuáles incómoda?
- ✓ ¿Qué le reprocho a mi pareja y qué me reprocha él o ella a mí?
- ✓ ¿Qué es lo que más disfruto de mi relación y cuánto espacio dedicamos a ese disfrute?

Estos son algunos de los temas más candentes, pero puedes añadir los ámbitos que sean más importantes para ti, como tu rol en la vida escolar de los niños o tu relación con la familia extensa. Mirar de frente a tu rol te ayudará a identificar rápidamente qué partes de él encajan contigo y cuáles te aprietan.

En el momento en que audité mi rol no sabía muy bien lo que estaba haciendo, pero fue muy revelador cuando me puse a pensar y me di cuenta de que, en cuanto a la gestión de pareja, hijastros, conflicto con la ex, casa, etc., yo era siempre el muerto en el entierro. Era tan grande mi necesidad de control y mi falta de seguridad en la gestión de mi pareja que me había implicado en exceso en parcelas que no me correspondían. Evidentemente, esta reflexión no la hice sola por iluminación divina. Necesité desarrollar una ansiedad de caballo, tocar fondo y buscar ayuda externa para empezar a identificar lo que estaba haciendo y darme cuenta de que no era lo que quería. Al final, mi necesidad de controlarlo todo había desembocado en una ausencia total de control sobre mi vida. Un desastre.

48. Identifica tus disparadores y traza un plan de salida

Los disparadores son todas esas situaciones que hacen que explotes o te hundas. No son necesariamente situaciones complejas, pero son detonantes que hacen que tu tensión acumulada salte por los aires.

¿Has descubierto cuáles son? ¿Identificas todas las cosas que te callas, te obligas a hacer o te prohíbes alrededor de estas situaciones? ¿Cómo gestionas estos momentos de explosión o derrumbamiento? Y lo más importante: **¿qué podrías hacer para transformar tu implicación en estas situaciones?** Abre tu mente y traza un plan para encontrar la salida que más te cuide. Aquí te mostramos un ejemplo con tus hijastros.

IDENTIFICA TUS DISPARADORES Y TRAZA NUEVOS PLANES

SITUACIÓN DISPARADORA	LÍMITES PROPIOS QUE ME HE SALTADO	POSIBLES PLANES DE SALIDA
Ejemplo: ponen cara de asco ante la cena que he preparado, mi pareja no dice nada y yo entro en crisis homicida.	• No me apetecía cocinar, pero me he obligado a hacerlo. • No me he tomado el descanso que necesitaba. • He comprado «sus caprichos» con mi dinero aunque me parecían caros. • He hecho la cuadratura del círculo para idear una comida que guste a todos. • Las otras veces que han puesto caras no me he permitido expresar cuánto me molestan. • Me callo el malestar que me produce estar fuera de las conversaciones en las cenas. • Me he obligado a estar en casa y disponible porque venían los niños cuando prefería estar a mi aire.	• Dejo la responsabilidad de las cenas. • El día que estoy cansada, cocina otro, pedimos comida o hacemos unas pizzas. • Dejo que mi pareja haga la compra cuando vienen sus hijos. • Les digo que me duelen las caras de asco después de haber cocinado y les pido que dejen de hacerlo. • Propongo pactar menús entre todos. • Les pido que me ayuden a estar incluida en las conversaciones y hago señas cuando empiezan con temas de los que no soy parte. • Me tomo una tarde a la semana para mí aunque estén los niños.

Más de una vez mi hijastro se quejó de cómo le organizaba la ropa limpia y a mí me solía temblar el ojo con sus comentarios. Un día, a sus cinco o seis años, vino a buscarme sujetando un calcetín con sus dos deditos y me dijo: «¿Se puede saber qué hace un calcetín agujereado en mi cajón?». Sé que las criaturas tienen un ángel de la guarda porque, si no, mi hijastro no habría sobrevivido a ese día. Al final no lo asesiné, pero sí me di cuenta de que, si sentía esa furia por un comentario repelente que podría haber hecho cualquier niño, significaba que algo debía cambiar, que estaba sobrepasada. Como primera medida, dejé de encargarme de la colada del niño. Me quité un peso de encima, nunca más tuve que escuchar sus críticas al respecto y el ambiente en casa no volvió a resentirse con mi furia por ese tema.

Cuando padre e hijo tenían un conflicto, yo me metía a mediar. Si no estaba presente, me buscaban. Y yo, como buena madrastra estupenda, pues mediaba. Aquello era horroroso porque ellos terminaban solucionando su problema, pero yo me sentía devastada y triste al haber tenido que gestionar tanto malestar. Hubo un día en que dije: «¿Y a mí quién me manda tener que estar siempre en medio?». Y empecé a responder: «Eso lo tenéis que gestionar entre vosotros, a mí no me metáis». Mano de santo.

Reto:

Establecer límites como herramienta enfocada al autocuidado

La toma de distancia y el análisis son necesarios para reformular tu rol, pero no suficientes. Para pasar a la acción, es necesario empezar a establecer tus límites en casa: qué quiero hacer y qué no, cómo quiero ser tratada y cómo no, cuáles son mis condiciones, etc.

La principal dificultad son tus propios miedos: a quedarte fuera, a que te vean como una bruja, a perder tu lugar o a que tu pareja se enfade.

La principal ventaja es que el *burnout* genera tanto malestar de por sí que ser mal vista o sostener un enfado de tu pareja difícilmente te hará sentir peor. Estás tocando fondo y eso, por paradójico que resulte, te va a dar el atrevimiento que necesitas para sostener tus límites, ya que te queda poco por perder.

La meta que debes perseguir es encontrar una forma de estar en casa que no te desgaste y, además, dejar por fin que tu familia te conozca tal y como eres. Como nos recuerda Brené Brown, «atreverse a poner límites se trata de tener el valor de amarnos a nosotros mismos, incluso cuando corremos el riesgo de decepcionar a otros». Veamos algunos recursos útiles para establecer límites.

49. No hables: actúa y gana la licencia para negar

Muchas madrastras nos hacen la misma pregunta: «¿Cómo le explico a mi pareja que quiero dejar de hacer tal cosa?». En el fondo la pregunta que las inquieta es: «¿Cómo puedo dejar de hacer tal cosa sin que mi pareja se enfade?».

La realidad es que a menudo son las explicaciones que damos para que la otra persona no se enfade lo que finalmente genera el enfado. Otras veces, en cambio, el enfado es inevitable. ¡Y también puede ocurrir que no haya enfado en absoluto! Como los sentimientos ajenos son incontrolables, te animamos a armarte de valor y actuar. **Empieza a aplicar los límites en vez de explicarlos, anúncialos en vez de justificarlos y negocia sobre la marcha solo lo que sea imprescindible. Deja de pedir permiso.** Créete que no es el fin del mundo si tu pareja se enfada. ¡Y consigue por fin tu licencia para decir «no»! El poder es tuyo.

MIS LÍMITES

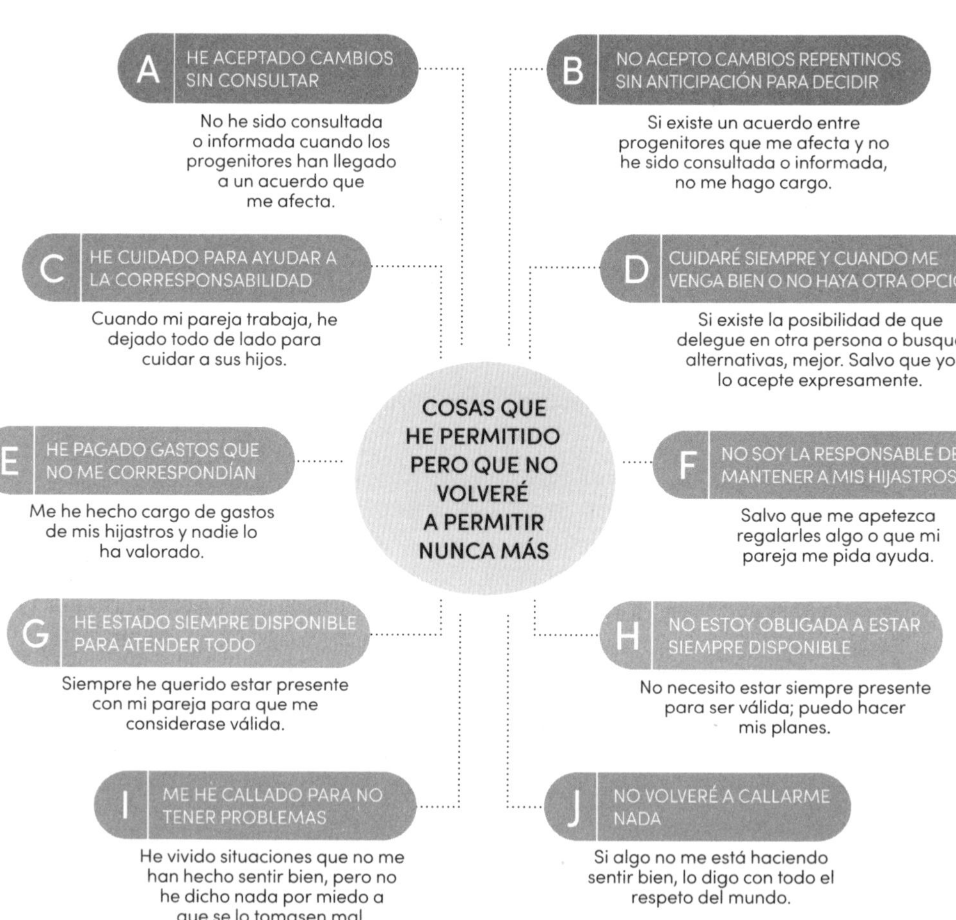

La gran revolución empieza cuando te das cuenta de que **no puedes cambiar el grueso de las situaciones, pero sí puedes cambiar la forma en la que te posicionas** ante ellas. Se trata de empezar a vivir tomando decisiones que te cuidan y para lograrlo te hacemos entrega de **tu licencia para decir «no»**. Úsala a diestro y siniestro cuando pretendan que la madrastra siga ocupando el rol de tragar y callar. Es hora de que tomes las riendas de tu vida.

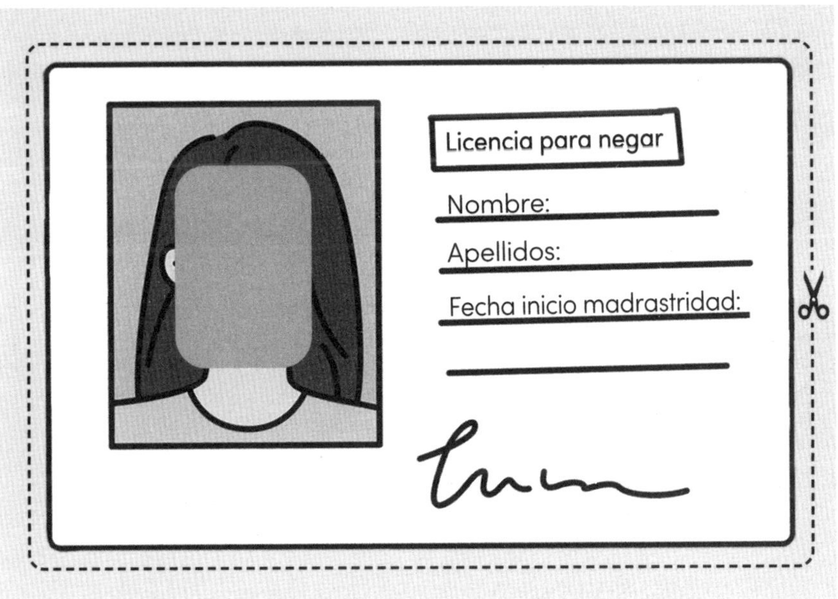

Mi pareja asumía que siempre iba a estar disponible para él y sus hijos y que iba a dejarlo todo de lado cuando él lo necesitara. Y pasó de nuevo: se organizó una semana de trabajo infernal mientras estaban sus hijos y esperaba que yo me hiciera cargo de todo. Su sorpresa fue mayor cuando le dije que no iba a cuidarlos yo sola y que, si no podía hacerse cargo de ellos, que negociara un cambio de semana con su ex. Me sentí tremendamente poderosa al darme la licencia para decir «no».

50. Expresa tu dolor desde la vulnerabilidad, no desde el enfado, para que se pueda escuchar

El símil que mejor representa el *burnout* es el de una olla a presión a punto de reventar. Llevas mucho tiempo intentando cocinar las lentejas al gusto de todos y se ha echado demasiada leña al fuego. Los pitidos avisan, es hora de parar, pero no les has prestado suficiente atención y ahora no hay vuelta atrás. Tu reventón emocional puede venir acompañado de reproches, gritos e insultos que hablan más de tu dolor sostenido que de la realidad que estás viviendo.

¿Podíamos haber evitado que la olla explotase?

El derecho a la pataleta

A las madrastras se nos ha retirado el derecho a la pataleta. Cuando algo nos pasa por dentro, se nos exige que siempre lo transmitamos con mucha calma, paz y sin perder nunca las formas. A pesar de que, en general, no nos sintamos escuchadas ni respetadas en nuestras peticiones. Cuando alzamos la voz para ver si de esta manera nos entienden, la forma de callarnos es mediante frases que nos ridiculizan: «No te pongas así, que no es para tanto» o «Has perdido totalmente la razón al hablar de esa manera».

Las formas no te quitan la razón, pero sí dificultan que tu mensaje llegue y cale. Una comunicación empática no es solo una herramienta para cuidar a los demás, sino para conseguir tu objetivo de ser escuchada.

El objetivo de este punto es lograr expresar todo lo que llevas dentro sin que tu pareja o tus hijastros se pongan a la defensiva. Y sin que tú explotes. Aquí tienes algunos consejos para conseguirlo.

- **Date un respiro y reconoce tu derecho a la pataleta:** tienes derecho a estar cabreada, furiosa, a tener ganas de coger las maletas y marcharte sin mirar atrás. Si ya has explotado y has soltado todo lo que llevas dentro, tranquila, no estás sola. Nos ha pasado a muchas. Te abrazamos. Quizás puedes pedir disculpas e intentarlo de nuevo.
- **Cuando te lances a hablar, céntrate en tu experiencia propia:** reconoce las expectativas en juego que no se han cumplido, las dificultades que estás viviendo, y empatiza con las dificultades de la otra persona. «Me imaginé que todo sería de otra forma y me he llevado un buen golpe de realidad. No es culpa de nadie, comprendo que para ti también es difícil, pero me duele y necesito un tiempo para que se me pase el malestar».
- **No exijas un cambio manteniendo los reproches:** la solución está en tu mano y, por ello, comunica tu decisión de cambiar la forma en la que estás gestionando las situaciones que te generan malestar. Invita a quienes te rodean a unirse. «Creo que necesito reubicarme en esta situación porque me estoy haciendo daño. A partir de ahora, intentaré gestionarlo de otra manera. ¿Quieres ayudarme?».
- **Deja a un lado a los culpables:** «Entiendo que tus hijos son niños y que están pasando por mucho. Al mismo tiempo, a veces se relacionan conmigo de una forma que me duele y por eso ahora mismo necesito tomar un poco de distancia».
- **Si la otra persona no puede escuchar tu dolor, no significa que no le importes ni que seas inadecuada por sentirlo.** A veces hacen falta varios acercamientos y dejar tiempo para que todo el mundo pueda hacer sus digestiones. Con todo, el hecho de expresarte con el corazón en la mano siempre te conecta con tu poder personal, y eso en sí ya vale todo el esfuerzo.

Tengo un recuerdo muy dulce de la primera vez que me animé a expresar mi dolor ante mi hijastro. Había ido a la biblioteca a buscar libros para él antes de que viniera a pasar la semana a casa. Pero, cuando llegó y le enseñé la bolsa de libros, apenas los miró y soltó, como de pasada, un «estos no me gustan». Podría haberle soltado un bufido. Podría haberle soltado una chapa aleccionadora sobre el agradecimiento. Pero se me alinearon los astros y decidí expresar mi dolor mostrándome vulnerable: «Puede que no te gusten los libros pero, ¿sabes?, he ido hasta la biblioteca y he dedicado un buen rato a elegirlos porque sé que te gusta tener lectura. ¿Sabes qué me gustaría que me dijeras?» No expresé esta frase con acritud, sino mostrando mi dolor con honestidad y, para mi sorpresa, el niño cambió el chip al momento. Me dijo: «Sí, te gustaría que te diera las gracias». Asentí con la emoción a flor de piel, y el niño se acercó a darme un abrazo. Era la primera vez que me daba las gracias, y lo único que había tenido que hacer era pedirlo con el corazón en la mano. Todavía me emociono al recordarlo.

51. Si el resto falla: técnicas asertivas para sortear la luz de gas

La asertividad es un estilo de comunicación mediante el cual puedes defender tus derechos propios sin invadir los de los demás. **Es una herramienta respetuosa que mejora las relaciones interpersonales propias y de todos los que te rodean.** Un punto medio entre la pasividad y la agresividad a la hora de poner en valor tus decisiones.

Cuando las estrategias de la luz de gas se ponen en marcha para evitar que establezcas tus límites, las herramientas más eficaces son:

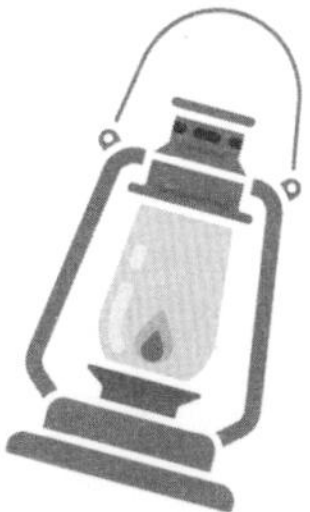

Defiéndete de la luz de gas con...

1

El disco rayado

Repetimos el mensaje una y otra vez sin entrar en discusiones ni provocaciones. Por ejemplo: «Cariño, si te vas de viaje prefiero no quedarme a solas con los niños, mira si puedes organizarlo de otra manera». «Pero ¿qué te pasa con los niños? Somos una familia y la familia se apoya». «Claro que somos una familia, y no me pasa nada con ellos, solo que en este momento prefiero no asumir esa responsabilidad». «Y ¿qué quieres que haga?». «No lo sé. Que lo organices de otra manera». Repetir sin fin tantas veces como haga falta.

2

El banco de niebla

Aceptamos la crítica sin por ello ceder a la manipulación. No nos justificamos, no contraatacamos y no cambiamos nuestra postura. Por ejemplo: «Anoche te pusiste como una loca sin motivo». «Ayer perdí la paciencia, sí». «Si te comportas así, dificultarás tener una buena relación con mis hijos». «Es posible». «No sé por qué no puedes ser de otra manera». «Sí, no es la mejor manera de afrontar la situación y cuando pueda gestionarlo con más calma lo haré».

3

Las preguntas asertivas

Parecida al disco rayado, pero a través de preguntas. Dirige la crítica a la conducta y no a la persona. Por ejemplo:
J: No se puede hacer planes en familia contigo. Siempre terminas poniéndote como loca.
P: No comprendo. ¿Por qué no se puede hacer planes conmigo?
J: Porque te lo tomas todo a mal.
P: ¿A qué te refieres con «a mal»?
J: Siempre pierdes la paciencia por cualquier tontería. Te comportas como una cría cuando están ellos.
P: ¿Me puedes poner un ejemplo de a qué te refieres?
J: Pues ayer durante la cena...
P: Es verdad. Perdí la paciencia a causa de esto. Intentaré que no vuelva a suceder.

4

La técnica de ignorar

Aplicable cuando la conversación está escalando y hay riesgo de perder el control y terminar con reproches o incluso insultos. Es importante controlar el tono de voz. Un ejemplo práctico: «Entiendo tu malestar, pero mientras me sigas hablando en ese tono no voy a poder comunicarme contigo. Luego hablamos».

5

La despersonalización

Cuando la otra persona desacredita tu límite volviéndolo personal, tú lo despersonalizas. Por ejemplo: «¿Qué te pasa con mis hijos? ¿Tanto te molestan?». «Tus hijos no me molestan, lo que es difícil es hacer el papel de madrastra, y por eso necesito cuidarme con este límite».

6

El reenfoque de la culpa

En vez de justificarte por no hacer las cosas como al otro le gustaría, te quitas el foco de la culpa y lo pones en el dolor de los dos. Por ejemplo: «Siempre estás poniendo problemas. ¿Por qué no podemos ser como una familia normal?». «Sé que te gustaría que algunas cosas fuesen más fáciles. A mí también me gustaría. Y sé que todos lo estamos haciendo lo mejor que podemos. Esto de ser familia enlazada no es lo que esperábamos ninguno de los dos, y a veces cuesta».

7

La renuncia a la empatía

Por ejemplo: «No entiendo por qué te afecta tanto esto. Estás obsesionada». «Cariño, no necesito que lo entiendas. Solo que respetes que este es mi límite, y que lo pongo para cuidarme y seguir cultivando la familia que queremos».

8

La validación del desacuerdo

Cuando la otra persona defiende una única forma correcta de hacer las cosas, validamos la suya sin dejar de validar la nuestra y aceptamos el desacuerdo. Por ejemplo: «Si yo fuese tú nunca haría algo así. Yo te apoyaría». «No quiero discutir lo que tú harías. Mi sentir en este momento es este y quiero respetarlo».

Tenía miedo a decir que no y que mi pareja se enfadase conmigo. Esa era la verdad que no quería reconocer. Porque, cuando ponía un límite, su respuesta era fría y descorazonadora. Incluso aplicaba la ley del silencio y me hacía sentir fatal. Un día me dio tanta rabia ver cómo se repetía el patrón de siempre que me negué a sentirme mal e intentar arreglar las cosas. Le dije que lo sentía, pero que no podía hacer más. Y me centré en mis cosas, tranquilamente. No solo el drama se disipó rápido, sino que recuperé el control sobre lo que me afectaba y lo que no.

Reto:

Alejarte del drama

Como hemos visto, esta fase de la vida de la madrastra suele incluir mucho drama: injusticias sociales e institucionales, conflictos familiares, disputas judiciales y todo lo que puedas imaginar. No es que busques deliberadamente meterte en estos saraos, pero, una vez que entras en la rueda, es muy fácil quedarte enganchada, porque el drama te ofrece intensidad, propósito, la sensación de formar parte de algo y la adrenalina de las pequeñas o grandes victorias. **En un momento en que parece que todo escapa a tu control y el malestar se hace cada vez más evidente, el drama no deja de ser una vía de escape para la frustración** que te causa la vida en familia enlazada y te brinda una cierta ilusión de control.

Era tal la cantidad de drama que vivíamos por día que empezamos con la broma en casa de que esto era Villadrama. Llegaban los invitados y les decíamos: «Bienvenidos a Villadrama». Todo eran risas, pero también preguntaban: «¿Ha pasado algo más?» Y, por desgracia, la respuesta era: «Sí, siempre tenemos algún nuevo episodio que contar».

Cuidado: es cierto que hay conflictos que abordar y a veces no queda más remedio que iniciar un proceso judicial o tener una conversación incómoda. Sin embargo, cuando tu vida empieza a girar alrededor de las múltiples luchas que tienes abiertas y sientes un subidón de adrenalina con cada nuevo acontecimiento de la saga, es posible que estés cayendo presa del drama, y eso tiene un precio muy alto en tu salud: ansiedad, rumiación, insomnio, subidas de tensión, problemas gástricos o cutáneos y un largo etcétera de somatizaciones propias del estrés.

Lo cierto es que mientras vives en el drama dejas tu vida en pausa y te enredas en cambiar el mundo que te rodea, porque quizás te asusta o te duele demasiado mirarlo de frente y decidir qué posición quieres tener en él. Con todo, la lucha constante también alimenta tu *burnout* y llega un momento en que es mucho más sano hacerse a un lado. El drama, para las series de Shondaland.

¿Pero cómo parar este tren que avanza a toda velocidad? A veces sientes que tu madrastridad es como una tragicomedia y que abandonar el drama es como quedarte fuera de la familia. Llegas a asumir que tener hijastros va siempre de la mano de vivir en tensión. Y no es así. En realidad, **nosotras tenemos parte de responsabilidad en el mantenimiento del drama porque nos volvemos adictas a ese chutecillo de adrenalina que obtenemos con cada nuevo episodio.**

Si te sientes que tu casa también podría llamarse Villadrama y quieres bajarte de esta montaña rusa, aquí te dejamos algunas ideas que te van a ayudar.

52. Reconoce tu rol en el drama (es incómodo pero necesario)

Rara es la madrastra que no se ha metido en varios saraos para defender a su familia y por el reconocimiento de su valor madrastril. Los dramas abundan en tu vida y van desde discusiones diarias con tu pareja o tus hijastros hasta las batallas con la ex, disputas en el cole o la guerra fría con la familia extensa. Algunos dramas llegan hasta límites insospechados, ocupan las horas de descanso y te merman la salud mental.

El drama es el novio más tóxico que jamás tendrás

El drama puede ser muy adictivo. Empiezas por curiosidad y terminas enganchada: el drama te da vidilla y llena cualquier encuentro de temas de conversación. Siempre tienes algo de qué hablar con tu pareja, todos quieren conocer tu drama y todos muestran interés por ti. Además, **mientras estás enfadada con el mundo, no tienes tiempo de sentir tu propia tristeza por las cosas que no son ni van a ser como deseabas**. Es la cortina de humo perfecta. Sin embargo, con el tiempo, tus amistades ya no muestran el mismo interés. Ves que la situación sigue igual y empiezas a sentirte aburrida de ti misma. Son los síntomas de que esta relación con el drama se ha vuelto tóxica.

¿Quieres saber si tienes una relación tóxica con el drama? Aquí te traemos el test que habría preparado la revista *Super Pop* en el especial para madrastras si siguiera en el mercado (una gran pérdida para la humanidad).

¿ESTÁS ENGANCHADA AL DRAMA?

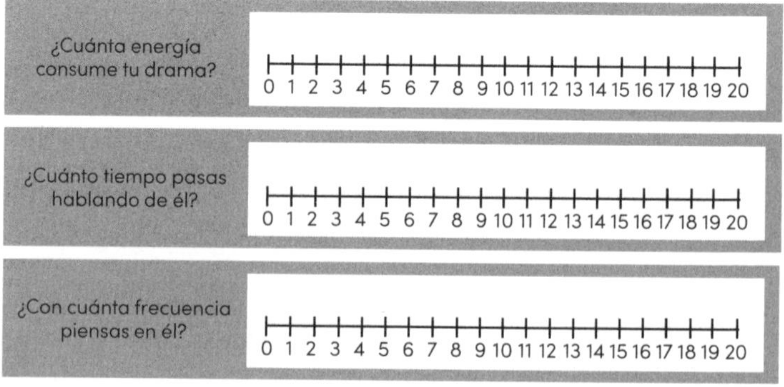

Pregunta	Escala
¿Cuánta energía consume tu drama?	0 1 2 3 4 5 6 7 8 9 10 11 12 13 14 15 16 17 18 19 20
¿Cuánto tiempo pasas hablando de él?	0 1 2 3 4 5 6 7 8 9 10 11 12 13 14 15 16 17 18 19 20
¿Con cuánta frecuencia piensas en él?	0 1 2 3 4 5 6 7 8 9 10 11 12 13 14 15 16 17 18 19 20

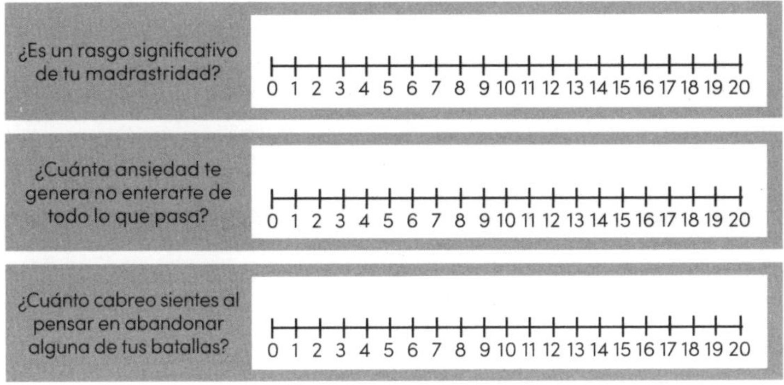

SI TU PUNTUACIÓN ES DE:

De 0 a 30

Genial, no estás nada enganchada al drama. Vives una vida plena a tu bola y pasas de lo que los demás piensen de ti.

De 31 a 75

Tu enganche es moderado, aunque empieza a llegar a límites insospechados. Ten cuidado, o no sabrás salir de él. Pero es tan gustoso poder comentarlo...

De 76 a 120

Amiga, tienes un serio enganche al drama y vivís una pasión loca. Dejarlo es imposible a pesar de que la ansiedad te coma por dentro.

Si tu relación con el drama es tóxica, necesitas activar la desintoxicación y prepararte para resistir un poco de síndrome de abstinencia. Como primer paso, cada vez que abras un nuevo capítulo en tus peleas es importante que te hagas ciertas preguntas incómodas pero necesarias: «¿Para qué estoy haciendo esto?», «¿Hasta ahora he obtenido el resultado esperado?», «¿Vale el precio que estoy pagando?», «¿No estaré contribuyendo con mi actitud a crear más drama?», «¿Qué sentimiento estoy tapando con este drama?». Puede ser la tristeza, la culpa, el miedo, la vergüenza, la frustración...

El objetivo es reducir la cantidad de conversaciones sobre el tema, tomar las medidas efectivas de protección que necesites, aprender a confiar en la gestión de tu pareja (incluso aunque no sea la que harías tú) y empezar a rendirte a tu realidad familiar tal como es en vez de pelear con ella. **La rendición es un paso necesario para salir del *burnout* de la madrastridad** (y, si no te lo crees, espera al siguiente capítulo).

53. Quedarte fuera no te aleja de tu pareja, sino al contrario

Especialmente cuando hay mucho conflicto entre las dos casas, sentimos que la lucha en pareja nos une contra un enemigo común. Sin embargo, esta tendencia es peligrosa porque os podéis terminar viendo los dos arrastrados al barro. **Muchas veces el drama de tu pareja no te pertenece, pero te metes de lleno como una forma de mostrar lealtad hacia él o incluso de hacer equipo.**

Si es así, adoptar la postura opuesta y alejarte del drama puede parecer una forma de abandono de tu pareja, pero en realidad es una posición de cuidado a largo plazo:

- Cuando decides dar un paso atrás, tienes más capacidad de mirada crítica sobre el drama.
- Cuando estás fuera, no estás intoxicada y puedes ayudarle mejor.
- Tu posición externa puede ser el puntal que tu pareja necesite para lograr salir él también.
- Desde aquí puedes implementar medidas de higiene en vuestra relación: hacer el pacto de crear espacios y momentos libres de drama y especialmente de ex, empezando por vuestra cama. Se habla de los conflictos lo mínimo necesario y después se cambia de tema.

El objetivo es dejar de unirnos para luchar contra el mundo y centrar las batallas diarias en el cuidado de la pareja.

54. Dos no se pelean si uno no quiere

Cuando ya estás en fase de ruptura con el drama, es muy molesto que las personas a tu alrededor no terminen de desengancharse de él. Y eso frustra muchísimo porque es muy tentador volver a caer y sacar la lengua sibilina. Pero no, **sabes de sobra que sostener el drama te hace daño y necesitas tomar distancia de tanto pensamiento tóxico**.

Como todo en la madrastridad, esto es un proceso personal que luego intentas extrapolar a tu familia. Pero, a pesar de tu buena voluntad, puede que tu pareja no se sienta preparada para dar carpetazo a las discusiones infinitas con su ex. Que todavía le produzca ansiedad dejar un mail sin responder o que guarde un resentimiento que necesita depurar antes de pasar página. Es normal.

También sabes ya que, por mucho que quieras que la ex pare, no va a parar si ha hecho de esta dinámica una pelea personal contra tu casa. Así que, si ves que a tu alrededor el enganche al drama perdura, solo tú puedes protegerte.

No alimentes el drama escuchándolo, no lo fomentes comentándolo, no lo sostengas observándolo. Al drama, ni agua.

No te das cuenta, pero llega un momento en el que el drama y el chisme se agolpan en tu vida. Y a la gente le encanta que tengas más drama que compartir y te anima a soltar tus miserias. De pronto, te das cuenta de que todas tus conversaciones van sobre conflictos y peleas y llega a un punto en el que estás exhausta. Por lo menos yo me sentía así. Cada conversación con familiares, amigas, pareja, era todo regodearse en el conflicto y llega a un punto en el que o dices «ya vale» o se te come viva. Ya vale, mi vida es mucho más que el drama de otra persona. Que cada palo aguante su vela y que cada serpiente se coma su veneno, a mi casa no me traigas tu mala vibra.

FASE 4
La madrastra rendida

«Yo voy a cuidarme y que sea lo que tenga que ser».

Estás de vuelta de todo. Te has alejado del drama y has dejado responsabilidades. Aunque hay días en que sigues sintiéndote asqueada, no tienes energía para pelear más y, en el fondo, ya sabes que la lucha y el esfuerzo no son la solución. Estás aprendiendo a retirarte en el momento adecuado y esa retirada no es solo física, sino también mental y emocional.

Continuando el paralelismo con las fases del duelo que vimos en el capítulo anterior, te encuentras en la fase de depresión. No se trata de una depresión patológica, sino de una bajada de la energía y la ilusión que permite el flujo lento de la tristeza: la emoción de contactar plenamente con la realidad de lo que no va a ser. La fase de la rendición es un momento de caída de los valores, ideales y expectativas que habías construido y de replegarte hacia ti misma. **Empiezas a asumir que tu familia, tu pareja y tu manera de sentir son lo que son y no los vas a cambiar.** Te das cuenta de que tienes mucho que perdonar y que perdonarte.

A nivel de pareja, los cambios que hiciste al final de la fase anterior han reducido las discusiones y quizás han abierto espacios de encuentro, pero también puede haber tensiones difíciles de resolver, especialmente si el proceso de rendición de cada uno ocurre a ritmos muy distintos o si vuestras expectativas eran muy diferentes. En este caso, es habitual pasar a una fase más plana a nivel emocional en que no cortas la relación, pero tampoco luchas por ella de manera activa. Te dices: «Yo voy a cuidarme y lo que tenga que ser será».

Así, a falta de planes, te centras en afrontar los retos del día a día. Y, como has renunciado a gustarles a los demás, solo te orientas según tu brújula interior. Ya no haces nada sin antes preguntarte: «¿Para qué lo hago? ¿Esto es lo que me hace bien?». Tienes claro que tu bienestar ya no se puede seguir posponiendo y debes colocarlo en el centro.

En general, es un momento de *impasse*: los modelos y las expectativas anteriores se van desdibujando, pero todavía no has trazado un nuevo rumbo y vas un poco a la deriva. Quizás aún hay picos de rabia o ansiedad cuando vuelves a la pelea, pero cada vez te dejas llevar más por la corriente de la aceptación. Aunque no tienes muy claro qué estás haciendo, tienes más calma que antes, también descansas más y tus somatizaciones empiezan a remitir.

Te encuentras en una fase de cierre donde el objetivo es abandonar la lucha, acabar de soltar los ideales a los que aún te aferras y hacer las paces con la familia, el entorno, tu pareja y contigo misma tal como sois, con luces y sombras. Es uno de los momentos de mayor espiritualidad. Progresivamente te rindes a la vida, te desprendes del peso de los «debería» que ya no te sirven, rebajas el nivel de exigencia hacia los demás y vives una transformación muy anclada a tu ser.

¿Rendirme? ¿Aceptar? ¡Pero yo no quiero que pasen por encima de mí!

Vale, reconocemos que hablar de esta fase siempre nos pone un poco místicas y quizás eso de «rendirte y aceptar» te suena a cuento chino cuando sigues viviendo la hostilidad de la ex o de los hijos de tu pareja. Pero, en realidad, no se trata de elevarte hasta levitar, de poner la otra mejilla al estilo Jesucristo ni de que te nazca una fuente de amor universal. Hablamos de algo mucho más concreto.

En la fase de esfuerzo, luchaste para que tus hijastros cambiaran ciertas actitudes o incluso para que te quisieran. Luchaste para que tu pareja educara mejor o te protegiera más, luchaste para que la ex dejara el conflicto y luchaste para sentir más afecto del que en realidad sentías o para eliminar tus celos. En realidad, **estabas tratando de reproducir el modelo de relaciones que habías aprendido porque sentías que era la manera de estar bien**. Activaste todos los recursos que tenías para lograrlo. Y, cuando viste que tus esfuerzos no eran suficientes, te enfadaste con tu pareja, con sus hijos, con la madre, contigo misma y con el mundo entero.

En este punto, es importante parar y reconocer que tu esfuerzo aportó cambios muy buenos a la familia y quizás todos os habéis beneficiado de ellos, pero todo cambio tiene un límite. **Rendirte es lo que queda cuando tus esfuerzos dejan de dar fruto y ya no quieres seguir enfadada con el mundo.**

Intuyes que tu familia no llegará nunca a tu ideal y tu pareja no siempre te gusta como padre o incluso como hombre. Tu percepción social está marcada por el estigma y tú misma no has conseguido estar a la altura de tus propias exigencias en muchas ocasiones. Sin embargo, aunque quizás a nivel racional lo sabes, a nivel emocional te cuesta rendirte a aceptarlo porque algo te dice que así no podrás ser feliz. Que habrás «fallado», que la relación se irá a pique o que tendrás que renunciar a tus límites y que van a pasar por encima de ti.

Y es normal que te asalten ese tipo de dudas. Por eso, vamos a ponerlo sobre el terreno con algunos ejemplos.

Para empezar, **rendirte no es dejar que la ex traspase vuestros límites** una y otra vez sin hacer nada, sino dejar de intentar que su actitud cambie, asumir que seguirá beligerante, que os toca tomar las medidas de protección necesarias y que debes encontrar maneras de seguir adelante con tu vida a pesar de ese condicionante. Vivir con alguien que siempre está enfadado contigo no era tu ideal de vida y se contradice con la creencia que tenías de que con diálogo y buena voluntad podrás resolver cualquier conflicto. Cuesta aceptar que en tu vida habrá ese núcleo de hostilidad permanente y que no está en tu mano deshacerlo.

Aceptar a tus hijastros no es amarlos y estar contenta de tenerlos en casa, si hasta ahora no ha sido así. Aceptarlos es dejar de intentar que cambien, dejar de intentar cambiar tus emociones hacia ellos y rendirte a la realidad de que estar con ellos te desagrada o que muchas de sus actitudes no te gustan. A partir de ahí, podrás decidir si quieres seguir con tu pareja o no y si quieres modular tu relación con ellos. La parte dura es renunciar a algunos de tus ideales de familia e incluso a parte de tu autoimagen, porque no es fácil asumir que eres una mujer que no ama a los hijos de su pareja. La parte agradable es que por fin puedes respetar su manera de ser, puedes respetar tus propios sentimientos y poner realidad a la relación.

Esto es extrapolable a cualquier ámbito de la madrastridad. Por poner un último ejemplo, puede (y suele) ocurrir con la pareja. **Aceptar a tu pareja no es que todo de ella te guste**, sino asumir que a veces no va a salir en tu defensa como quisieras, que no va a ir a terapia, que no va a darte el nivel de empatía que querrías o que no es el padre que esperabas. Aceptar a tu compañero pasa por rendirte a la realidad de que a veces no te gusta, sin por ello reprocharle, exigirle o tratar de cambiarlo. Asumir que no te va a dar el nivel de protección, entrega o conexión que de alguna forma esperabas y que deberás lidiar con ello. Una vez más, para hacer este cambio, deberás abandonar parte de tu ideal de pareja y eso es lo que duele. Asumir que no vas a tener el cuento de hadas (y que quizás no era muy realista ni muy justo esperarlo).

El día que pude verbalizar con mi terapeuta que no me gustaba la forma que tenía mi pareja de ser padre de mis hijastros, me quité un peso de encima. Uno que llevaba años soportando por lealtad y por miedo a que se rompiera algo dentro de mí al decirlo en voz alta. Pero, en vez de romperse mi amor por él, pude aceptar que no solo no soy una mala persona por ver sus dificultades, sino que empaticé con ello y pude ayudarle mejor. Perder el miedo nos hizo más libres.

La aceptación es, quizás, la forma más profunda de amor. No habla de querer a la otra persona y sentir pasión o gusto por estar cerca de ella, sino de reconocer que tanto tú como ella sois seres limitados y que cada uno lo hace lo mejor que sabe con los recursos que tiene. **Es el reconocimiento de una humanidad compartida que nos trae paz, respeto, empatía y la posibilidad de vivir los conflictos sin tomarlos como afrentas personales.**

Recuerdo cuánto luché por sentirme familia junto con mi pareja y mi hijastro. Cuánto me esforcé en gustar, en cambiar las cosas, la cantidad de reproches que hice... Y lo curioso es que reconocer mis inadecuados sentimientos tal como eran y a la vez dejar de intentar cambiar a mi pareja y a mi hijastro fue lo que más me acercó a la sensación de familiaridad que tanto había buscado por caminos erróneos. En muchos momentos, no hubo amor tal como solemos entenderlo, pero sí se creó un espacio de seguridad donde pude ser más yo misma que en ninguna otra relación que hubiera tenido antes.

Aún hay otra cosa curiosa de la aceptación: es la actitud con más capacidad transformadora. Más que el esfuerzo y, desde luego, mucho más que la hostilidad.

Una vez que puedes respetar profundamente el proceso y el momento de cada uno, cualquier cambio que se proponga en la familia no se sentirá como un rechazo o desprecio (que es lo que ocurre en las fases anteriores), sino como una posibilidad de modificar el rumbo sin dejar de reconocer el valor y la complejidad del camino que ha hecho cada uno hasta llegar donde está. A veces la sola aceptación es lo que genera cambios inesperados en las relaciones. **Solo desde la aceptación y la valoración las personas podemos abrirnos sinceramente al cambio.**

Entonces ¿podemos ser familia sin querernos? El vacío de abandonar los ideales previos

Rendirte tiene una parte pasiva que consiste en aceptar la realidad de tu familia tal como es sin pelearte con ella. Al mismo tiempo, tiene una parte activa, que pasa por explorar nuevas maneras de ubicarte ante esta realidad, maneras que quizás nunca habías concebido antes y que te parecen extrañas. ¿Siendo madrastra puedo expresar con firmeza mis propios límites? ¿Es posible tener un conflicto con alguien que no se pueda resolver? ¿Soy valiosa, aunque no tenga ganas de cuidar de los hijos de mi pareja? ¿Podemos ser pareja y a veces detestarnos? ¿Podemos ser una familia sin querernos?

Quizás siempre diste por hecho que la familia debía ser un espacio de amor y seguridad. Entonces ¿es posible ser familia sin que todos nos queramos y con personas con las que, por ahora, no me siento del todo segura? ¿Podré yo sentirme a gusto con una familia así?

Decimos que estas preguntas abren un *impasse* porque no las puedes responder apelando a tus modelos aprendidos, a las herramientas con las que siempre te has desenvuelto en la vida. Toca dar un salto. **Toca dejarte vivir un tiempo en familia sin tratar de cambiar nada y comprobar si ese modelo vale para ti o no.**

Es un momento de vacío y de incertidumbre, de navegar el presente sin saber muy bien adónde vas, de ser fiel a tu sentir porque no tienes muchas más referencias. También estás más receptiva a hacer crítica de tus actitudes previas y a explorar nuevas posibilidades. Lo bueno de que se hayan derrumbado tus expectativas es que ya no tienes nada que perder, así que la ansiedad se disipa poco a poco y te embarga una nueva valentía para hacer o dejar de hacer las cosas que de verdad te nacen. Aceptas que solo el tiempo y la experiencia te darán las respuestas que buscas.

Aunque no fue una decisión deliberada, durante los primeros años me dejé la piel cuidando a mi hijastro. Seguí ese guion confiando inconscientemente en que así, con el tiempo, todos nos querríamos y por fin estaría a gusto en casa. Sin embargo, no lograba que me apeteciera cuidar y el miedo a no conseguir disfrutarlo me llevaba a una montaña rusa de esfuerzo y resentimiento. Llegué a estar tan quemada que colapsé y entonces se me ocurrió una idea peregrina: ¿y si me iba un tiempo de casa, pero sin dejar la relación de pareja que tanto valoraba? A partir de ahí, mi pareja y yo entramos en lo desconocido. Fue un salto de confianza en nuestra relación que no habríamos dado si no hubiéramos estado desesperados. Estuve unos meses fuera y, al volver, puse mucho cuidado en no repetir el patrón de cuidadora. Era incómodo, raro y por momentos tenía miedo de quedarme fuera. No sabía qué pasaría con mi familia, pero no podía volver a lo anterior. A pesar de la extrañeza, mi ansiedad se fue reduciendo y empecé a dormir mejor. Descubrí una manera de ser y estar que nunca antes me había planteado.

Ahora sí que la familia enlazada es el puzle del que todos hablan. La diferencia fundamental es que puedes mirar las piezas que mejor te encajen y hacer una obra final en la que hay sitio para la atención y el cuidado de todos.

✓ La relación que quiero tener con mis hijastros.

✓ La relación que mis hijastros quieren tener conmigo.

✓ La disponibilidad emocional que puedo ofrecer.

✓ Mi necesidad de tiempo propio y de cuidado.

✓ Lo que la pareja necesita y desea para estar bien.

✓ Nuestros planes de futuro juntos.

✓ Nuestra protección ante el drama.

✓ Los compromisos que adquirimos como familia.

✓ Un espacio en el que cabemos todos.

Lo precioso de estos momentos tan complejos es que las respuestas que obtienes ya no vienen de un modelo aprendido, sino que son tuyas de verdad porque te has atrevido a navegar las preguntas. Este es el proceso de transformación tan aterrador y a la vez maravilloso que nos ofrece la madrastridad. Como resultado, **aprendes a confiar en tu brújula interior y en ella encuentras la seguridad necesaria para impulsarte hacia el futuro dentro y fuera de la familia**.

Los retos de esta fase serán:

- ✓ Soltar los ideales a los que sigues aferrándote a través de la hostilidad.
- ✓ Desterrar la ansiedad a través de la vuelta a ti misma.
- ✓ Reconocer quién eres ahora y delimitar tu propio lugar.

Reto:

Soltar los ideales a los que sigues aferrándote a través de la hostilidad

Puedes identificar los ideales a los que sigues aferrándote porque se convierten en exigencias a los demás y los vives como áreas de hostilidad en tu vida. Son las cosas que sigues criticando con tus amigas, lo que sigues rumiando en la cama de madrugada, los temas que discutes con tu pareja en bucle sin llegar a nada. Vamos, lo contrario a la experiencia de aceptación.

Y no te aferras porque sí. Esos bloqueos están relacionados con las necesidades que hemos ido nombrando en las otras fases: necesidad de seguridad, de pertenencia, de participar en las decisiones que te afectan, de delimitar tu territorio, de valoración, de cercanía. El problema es que sientes que satisfacerlas no está en tu mano (porque no eres nadie, porque no tienes voz o porque te van a rechazar) y que, por tanto, dependes de que el otro cambie de acuerdo con tus demandas: que tu pareja te proteja poniendo límites a sus hijos, que los niños por fin te valoren en agradecimiento a todo lo que has hecho o que la ex reconozca su error y deje de imponer demandas.

Las exigencias nos duelen a todos

Cuando lo pensamos en frío, es tan doloroso que te pidan sentir amor inmediato por los hijastros como que tú les pidas que te valoren por haber hecho tantas cosas por ellos (que tampoco te pidieron que hicieras).
La exigencia de cumplir un ideal (de madrastra amantísima, de hijastro agradecido o de caballero andante) nos duele a todos.

Aunque tenemos ideales en muchas direcciones, **los de pareja suelen ser los que más cuesta soltar**. De alguna manera, hacemos responsable a la otra parte de que nuestras expectativas se cumplan (y él o ella nos hace responsables a nosotras). Ahí surgen las frecuentes hostilidades de pareja. Toda esta lucha, que es la que hemos aprendido de nuestros padres y abuelos, que además está muy presente en la sociedad, es la que nos distrae de aceptar algo fundamental: **el otro no puede darte eso que tanto necesitas**. Sabiendo esto, hay algunas cosas que puedes hacer.

55. Haz las paces con todo lo que no te gusta a través del perdón

Ahora que has identificado algún área de hostilidad en tu vida, ¿puedes detectar qué necesidad tuya le estás pidiendo desesperadamente al otro que satisfaga? ¿Cómo le estás pidiendo o exigiendo que sea? ¿Es posible que, en esta exigencia, te hayas comportado de maneras que ahora te parecen cuestionables?

Quizás, al tratar de que el otro cambie, has tenido actitudes como:

- Reprocharle cosas del pasado.
- Corregirlo constantemente.
- Criticar desde un espíritu no constructivo.
- Burlarte.
- Aplicar la ley del hielo.
- Amenazar con irte.
- Desatar tu furia contra él o ella.
- Discutir cualquier comentario con un «y tú más».

Para rebajar la hostilidad, no hay que sacar el látigo, ni contigo ni con los demás. **La madrastridad te hizo creer que muy pocas cosas estaban en tu mano y que solo el esfuerzo te traería paz, amor y aceptación.** Cuando esas cosas no llegaron de la manera esperada, la hostilidad que desplegaste no era otra cosa que un grito desesperado de ayuda. Seguramente otros también han sido hostiles contigo de una manera parecida.

Llegada a este punto, es importante parar y preguntarte cuál es el precio que estás pagando por la hostilidad que mantienes. Quizás estás rabiosa, amargada, ansiosa, te sientes mal contigo misma o estás lejos de personas de las que querrías estar cerca. Date cuenta del dolor de sostener estas actitudes y, una vez que lo hayas hecho, trata de identificar el modo en que tus actitudes también han dañado a otros. Es difícil, lo sabemos, pero darte cuenta del daño que causa la hostilidad es necesario para pararla.

A medida que fui dejando responsabilidades en casa y tomando distancia, me embargó una sospecha incómoda: ¿era posible que buena parte de las reformas educativas que había implantado en casa con tanta rigidez fuesen intentos de cambiar a mi hijastro para hacerlo más «querible» para mí? ¿De verdad había sido capaz de tener esa desconsideración con un niño pequeño y con mi pareja en mi intento de sentir «lo que una madrastra debería sentir»? Aquella verdad me dio como un mazazo y ahora, después de tantos años, aún le debo una disculpa a ese niño que ahora ya es un hombretón. Creo que mi primer verdadero acto de amor como madrastra fue dejar de intentar cambiar a mi hijastro, aceptar mis sentimientos hacia él tal como eran y dejar de forzar una relación que para mí aún no era verdadera, aunque me diese miedo perder mi lugar en la familia. Eso no me convirtió en un ser de luz y me comporté como una arpía mil veces más, pero aquel giro interno marcó un antes y un después en mi madrastridad.

Es necesario parar la exigencia

La exigencia que ponemos en los otros para que se hagan más «queribles» para nosotras, más acordes a nuestro ideal, es proporcional al nivel de exigencia que nos ponemos nosotras tratando de hacernos «queribles» para ellos cumpliendo el ideal de la buena madrastra. **Cuando dejamos de exigirnos nosotras, podemos dejar de exigirles a ellos también.**

Perdonarte y pedir perdón a las personas que te rodean es el primer paso para soltar la exigencia, sobre todo con tu pareja y tus hijastros: **«No tengo que cambiarlos para quererlos más. Asumo que mi amor por ellos es el que es y no tengo que luchar contra ello.** Los libero de tener que ser como yo quiero y me libero de tener que amarlos de una determinada manera, aunque me duela que no exista la conexión que deseaba. Me perdono por haber intentado cambiarlos, acojo con cariño los duros sentimientos que me llevaron a hacerlo y, finalmente, les pido perdón y me comprometo a transformar mi actitud».

✓ **Reconoce el dolor que has sentido y cómo te ha llevado a actuar como lo has hecho.**

✓ Tu sensación de injusticia y la necesidad de valoración han magnificado tu malestar hasta el punto de controlar tus acciones y pensamientos.

✓ **La importancia del vínculo con tu pareja te ha removido hasta tal punto que el miedo a perderla te ha incitado a decir o hacer cosas hirientes.**

✓ La primera a la que has hecho daño en este camino ha sido a ti misma.

✓ No necesitas ser perfecta y hacerlo siempre todo bien para ser querida y respetada. También mereces cariño, el tuyo primero.

✓ Pídete perdón y cambia la forma de hablarte y pensarte para ser más amable contigo misma.

✓ **Finalmente, pide perdón a quienes hayas podido hacer daño tratando de cambiarlos.**

56. Suelta la imagen de enemigo a través del agradecimiento

Te has pasado años sintiendo hostilidad hacia ti misma porque despreciabas tus propios sentimientos y también hacia los demás porque cuestionabas y despreciabas todo que hacían como si fuese activamente en tu contra.

La imagen de los demás como enemigo se alimenta de frases repetitivas que no nos ofrecen ninguna solución: «Mi pareja está muy cómoda como está y por eso no hace ningún cambio», «Mis hijastros no valoran nada de lo que hago», «La ex está loca, es una obsesa del control», «Va de madre coraje, pero las verduras se las hago comer yo», etc. Estas frases son la gasolina de la hostilidad.

Deshacerse de la imagen de enemigo es dejar de proyectar en los demás el ideal que todavía sostienes en tu cabeza. Puede ser difícil de hacer con tu pareja o con tus hijastros, pero a menudo el verdadero reto es dejar de ver como enemiga a la ex.

El enemigo de la madrastra no es la madre

Madrastra y madre son dos caras de una misma moneda, la de las consecuencias del peso de un estereotipo social. La madre tiene sobre sí una imagen imposible de perfección y abnegación, mientras que la madrastra tiene la de bruja usurpadora. La lucha de ambas por alcanzar el ideal femenino se convierte en una pelea encarnizada entre ellas para conseguir hacerse con el puesto de la mejor mujer en la familia. Esto favorece la creencia de que absolutamente todo lo que haga la una o la otra tendrá como intención socavar a la enemiga.

¿Y si cambiamos de perspectiva e intentamos **conectar con el agradecimiento**? Para acabar con la imagen de enemigo podemos tratar de poner en valor lo que la otra persona aporta a nuestra vida con sus acciones y sus omisiones. Esto es aplicable a todos los miembros de la familia, pero a modo de ejemplo vamos a practicarlo con la madre de nuestros hijastros, incluso si la relación con ella es fatal.

LO QUE ME GUSTARÍA:	LA REALIDAD:	LO QUE AGRADEZCO:
Me gustaría que la ex de mi pareja y madre de mis hijastros no existiera.	Ella es su madre y siempre tendrá un lugar en la vida de mi pareja y en la de mis hijastros.	Agradezco su presencia porque, de no estar, tendría que ser madrastra a tiempo completo.

Siempre he sentido que las decisiones que la ex tomaba para con sus hijos (mis hijastros) se centraban en hacer de menos a mi hijo (mi bebé). Creía que la ex buscaba la forma de que los mayores coparan todo el tiempo de su padre con actividades y atenciones, mientras que mi hijo quedaba relegado a un segundo plano. Estaba convencida de que la ex sentía hostilidad hacia mi pequeño y la detestaba por ello. Un día, mi hijo fue directo a saludarla y a pedirle irse con ella para estar más con sus hermanos. En ese momento, me puse en alerta esperando lo peor, pero el trato de ella hacia mi pequeño fue exquisito, incluso cariñoso. Le habló con mucha ternura y agradecí el gesto que tuvo hacia él. Ese detalle me hizo bajar las armas y entender que para ella también sería la vida mucho más fácil sin nuestra existencia. Todos desempeñamos un papel difícil e intentamos proteger a los niños de nuestra familia.

57. Lo tuyo es válido. Lo mío también

A medida que haces las paces contigo misma y con los demás, empiezas a ubicarte mejor en una posición de reconocimiento propio. Incluso vamos a ir un paso más allá: ahora eres capaz de validar tus sentimientos y no hacerlos de menos.

Has pasado varias fases taponando tus opiniones y tus emociones, y ahora es momento de empezar a reconstruir tu propia perspectiva y a expresarla con seguridad, incluso cuando no coincide con el ideal de tu pareja o de otra persona.

¿No vas a recoger a los niños? ¡Pero una familia tiene que apoyarse!

Así es, y también expresar sus límites, como que no quiero hacerme cargo de las recogidas del colegio. Tal como lo veo, apoyarnos y expresar nuestros límites es igual de importante si queremos formar una familia.

Permite la discrepancia

Lo más interesante de permitir la discrepancia en la pareja es que puedes poner en valor tus opiniones o necesidades sin menospreciar las del otro y eso es una oportunidad de crecimiento en la pareja. Aumenta la confianza mutua y hay más posibilidades de hacer equipo. Mejor un golpe en la mesa a tiempo que replantee la situación de la pareja que una ruptura por no poder aguantar más.

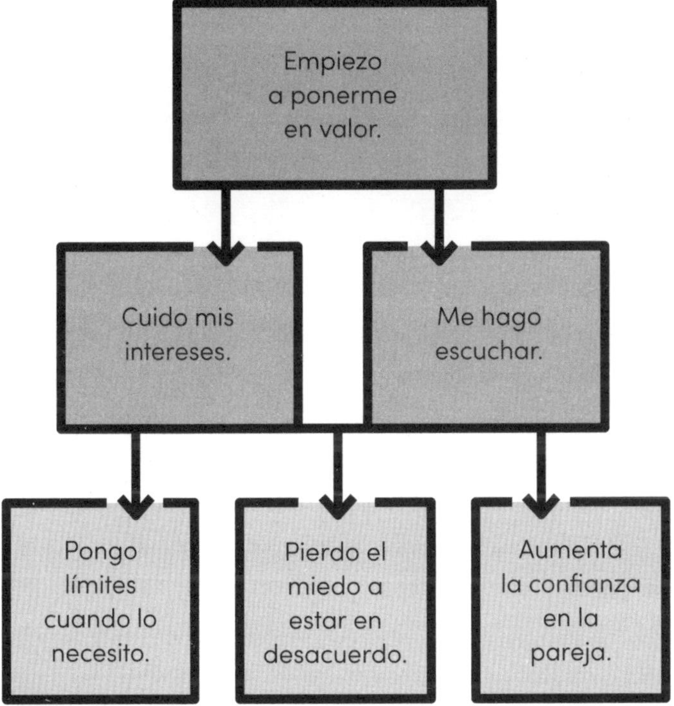

Reto:

Desterrar la ansiedad a través de la vuelta a ti misma

La hostilidad que hemos trabajado en el reto anterior no desaparece de golpe, como tampoco lo hacen las expectativas, los miedos y las exigencias. Aunque hayas dado un gran paso alejándote de ideales y roles que no te hacían bien, es posible que aún tengas momentos de darle al tarro. La mayor amenaza al proceso de rendición es el miedo, que nos lleva a presionarnos internamente para tomar decisiones YA, sin dejarnos tiempo para sentir y para ver cómo respiran los demás.

Estas presiones internas activan la ansiedad e interfieren con el descanso que tanto necesitas, incluso con la lentitud imprescindible para digerir a nivel mental y emocional todo lo vivido hasta ahora.

58. Conecta con tu cuerpo

Si detectas ansiedad y presiones internas, es el momento de salir de la cabeza y volver a tu cuerpo, que quizás has abandonado durante demasiado tiempo. Conectar con el cuerpo te traerá de vuelta al aquí y ahora, a la vida tangible, cada vez que la cabeza te lleve a resentimientos del pasado o a ansiedades de futuro. Cada vez que respiras o te mueves conscientemente, te dices a ti misma: «Aquí y ahora estoy viva y estoy bien».

¿Cómo ir al cuerpo? Eso depende de cada una. Nosotras te animamos a combinar iniciativas activas con otras más pasivas. Iniciativas activas son aquellas en que tú te pones en movimiento: desde estar al día con tus citas médicas hasta el yoga, el baile, caminar o cualquier deporte, pasando por la respiración consciente. Pasivas son aquellas actividades en que te dejas hacer: masajes, pedicura y cualquier cosa que se te ocurra.

Si has estado un tiempo sin volver a tu cuerpo, tendrás que vencer bastantes resistencias internas. Además, está la pereza. Por todos estos motivos, volver al cuerpo tiene que ser una determinación a veces autoimpuesta con disciplina. **No te machaques si no cumples todos**

tus objetivos, pero, por favor, no vuelvas a abandonarte del todo. Date una nueva oportunidad cada vez que sea necesario. Date las que hagan falta. Tú eres tu vida.

Un día, hablando con una amiga, me dijo: «En las profesiones en las que cuidamos tanto a los demás, como no nos devolvamos la mirada a nosotras y nos cuidemos, acabamos deprimidas». Mi amiga es una mujer muy activa, llena de actividades centradas en el movimiento de su cuerpo y yo en ese momento a duras penas salía peinada de casa. Me atravesó la claridad con la que compartió ese pensamiento conmigo porque yo estaba al borde del abismo, dejándome la salud mental cuidando de mi familia y de todas las madrastras que conocía.

Así que tuve que volver a revolucionar mi familia y revisar mis prioridades. Devolverme la mirada y entender que la inversión en mí misma nunca iba a caer en saco roto. Ahora hago yoga por las mañanas, después de llevar a los niños al cole y antes de responder los mensajes de mis madrastras. Y no puedo ser más feliz.

59. Maneja la rumia a través de un diario

Cuando hablamos de ansiedad, nos referimos a esa sensación de nerviosismo, falta de aire y presión en el pecho que sentimos cuando nos aborda la idea de que nuestra vida nos arrolla sin control.

Pero si hay un detonante para este malestar tan concreto es la rumia. **La rumia o pensamiento rumiante aparece cuando tenemos una preocupación que no podemos quitarnos de la cabeza.** Un tema inconcluso y al que le damos vueltas sin parar, incluso de forma involuntaria. Repasar una situación vivida una y otra vez, dar vueltas a una situación hipotética, un temor a que ocurra algo, una sensación desagradable, etc.

Esta forma de pensar descontrolada se interpone en el desarrollo normal de nuestras actividades cotidianas. Es como tener de manera constante una carga mental de la que no puedes deshacerte y que no te deja descansar.

Una de las estrategias más eficaces para volver a tomar el control de nuestro pensamiento es a través del uso del diario.

¿CÓMO PUEDO INICIARME EN LA RUTINA DE CREAR UN DIARIO?

1 Coge una libreta. No necesitas que sea la más bonita del mundo, pero sí que tenga un tamaño y un papel con los que te sientas cómoda.

2 Inicia tu rutina de escribir en tu diario incorporando un momento al día para sentarte y hacerlo. Pueden ser cinco minutos, no necesitas más.

3 Lo importante es escribir. Da igual si expresas tus sentimientos, o si sencillamente anotas lo que has comido y si te ha gustado. La calidad literaria no es vital.

4 A medida que instales la costumbre de escribir te será más fácil que sea un lugar donde volcar tus emociones.

5 Al no tener pretensiones literarias, es más fácil anotar todos los pensamientos, por inconexos que te parezcan. Mejor fuera que dentro, de esa forma pesan menos y no vuelven tanto a tu pensamiento.

En el momento en el que consigues sacar tus pensamientos de tu cabeza, dejan de ser recurrentes. Poder leerlos en una libreta, además, los ubica en un contexto más real en el que puedes verlos en el conjunto de las circunstancias de tu vida y darles la importancia que tienen, si es que la tienen, o darte cuenta de que sencillamente forman parte de la rumia.

El uso del medio escrito como lugar de expresión nos devuelve la conexión con nosotras mismas y podemos hacerlo de dos maneras, elige la que mejor te funcione:

- **Pausadamente:** busca un momento y un espacio de comodidad. Recréate en tus sensaciones y en lo que quieres decir. Disfruta eligiendo un boli que te sea agradable al tacto, genera un momento de estimulación de los sentidos poniéndote música o una vela aromática.

- **A lo loco:** déjate llevar y escribe absolutamente todo lo que te venga a la mente en el plazo de cuatro minutos. ¡No uses ni un segundo más! Después lee detenidamente todo lo que has anotado y reflexiona sobre cómo te sientes al respecto.

En ambos casos, ¿qué dicen de ti tus palabras?

El beneficio de hacer esto es la liberación de la carga mental, emocional y la distancia que tomas con respecto a problemas que en apariencia no tenían solución, y así puedes verlos con una perspectiva renovada.

El diario, además, puede ser una herramienta «de socorro». Si en un momento dado sientes presión o ansiedad, o notas que te asalta la rumia (por ejemplo, en mitad de la noche), coge tu diario y escribe. **El objetivo es sacarte de la cabeza los pensamientos sin control y rebajar el malestar ansioso a través del acto de abrir la libreta, escribir y después CERRARLA.** Solo debes tener una precaución: si notas que al escribir estás hablándote feo o recreándote en sensaciones negativas que te aumentan la bilis, mejor para y busca otra actividad. Algo físico te va a ayudar.

60. Dedica tiempo a actividades que te den calma y felicidad

Además de las actividades corporales, que ya hemos mencionado, utiliza el tiempo y la energía que le has restado a tu rol de madrastra para sumarlo a actividades que te otorguen calma y felicidad.

¿Cuáles eran tus aficiones? ¿Qué actividades solías compartir y disfrutar con otras personas? ¿Y sola? ¿Te gustaría recuperar alguna? ¿O quizás quieres probar algo distinto? **Si no sabes por dónde empezar, retomar algo del pasado te puede dar pistas para ver si sigue siendo para ti.**

Otra actividad perfecta para este momento son las reformas: de tu imagen, de tu casa, de tu jardín… Cambiar aspectos externos nos acompaña en el proceso de hacer cambios internos y nos conecta con nuestro poder y nuestra ilusión. Un cambio de estilo en la pelu, pintar tu habitación o restaurar un mueble son grandes ideas.

Tuve un mes de vacaciones reparadoras en casa de mi hermana. Su casa me daba buena vibra, me gustaban los muebles, los colores y el ambiente me inspiraba calidez. Dormía como un bebé.

En el momento en el que volví a la mía, se me cayó el alma a los pies. Me resultaba fría, ajena y no me ayudaba a encontrar la calma que necesitaba. Estaba llena de recuerdos de momentos hostiles o de pérdidas para mí. En el momento de aceptación que estaba viviendo, necesitaba renovarme por dentro y por fuera. Y dentro de mí estaba mi hogar. Así que cambié muebles, pinté paredes, colgué fotos y cuadros nuevos y dediqué parte de mi energía a crearme un rincón de lectura solo para mí: lo que siempre había anhelado tener. Ahora sí que me gusta mi casa y hasta estoy emocionada proyectando nuevas reformas y mejoras.

Otra buena opción es practicar actividades de atención sostenida porque son mecánicas y requieren que nuestra atención esté centrada en el ahora, lo que permite que la cabeza entre en silencio y que los pensamientos no se dispersen hacia el futuro.

Algunas de ellas son las siguientes (pero te animamos a que pruebes y encuentres las tuyas):

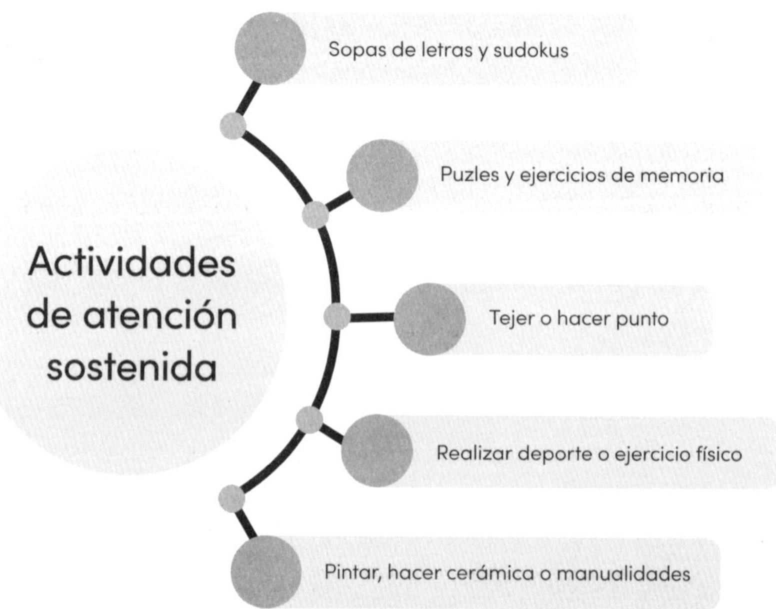

Reto:

Reconocer quién eres ahora y delimitar tu propio lugar

Volver a ti misma es muy gratificante, pero también te puedes llevar un susto mortal cuando te des cuenta de que esta mujer a la que vuelves no es la misma que se enamoró unos pocos años atrás.

Te centraste en el proyecto de construir tu familia y en el proceso abandonaste relaciones, actividades y prioridades que te habían definido hasta el momento. Con el tiempo, la locura de la madrastridad te llevó a extremos en que dejaste de reconocerte y tuviste que vértelas con las partes más oscuras de ti misma, las que ni sabías que estaban ahí. ¿Cuántos de tus «yo nunca» te has saltado en los últimos años?

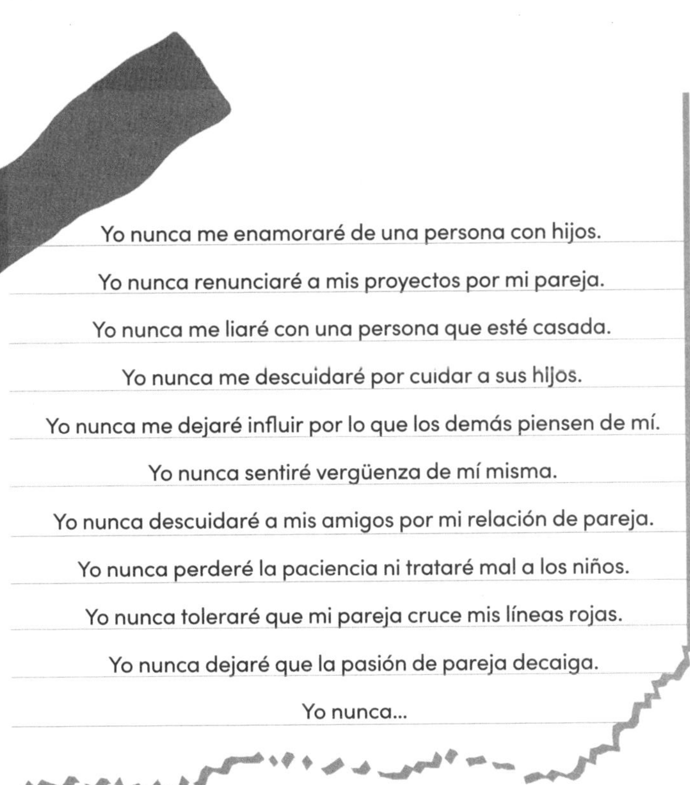

Efectivamente, la que fuiste ya no está y apenas reconoces a la que está ahora. **Este extrañamiento de ti misma es un duelo identitario en toda regla**; quizás uno de los menos evidentes, pero más profundos que nos plantea la madrastridad. Un duelo que abre otra de esas insidiosas preguntas donde las respuestas de antes ya no sirven: «¿Quién soy yo ahora?».

Igual que la caída de los ideales sobre los demás te aboca al vacío, la caída del ideal de ti misma y de la persona que creías ser abre un hueco en tu interior. A pesar del vértigo, este hueco será necesario para dejar espacio a las nuevas facetas que estás descubriendo en ti. Algunas son más grandiosas y otras son más viles, pero todas son tuyas.

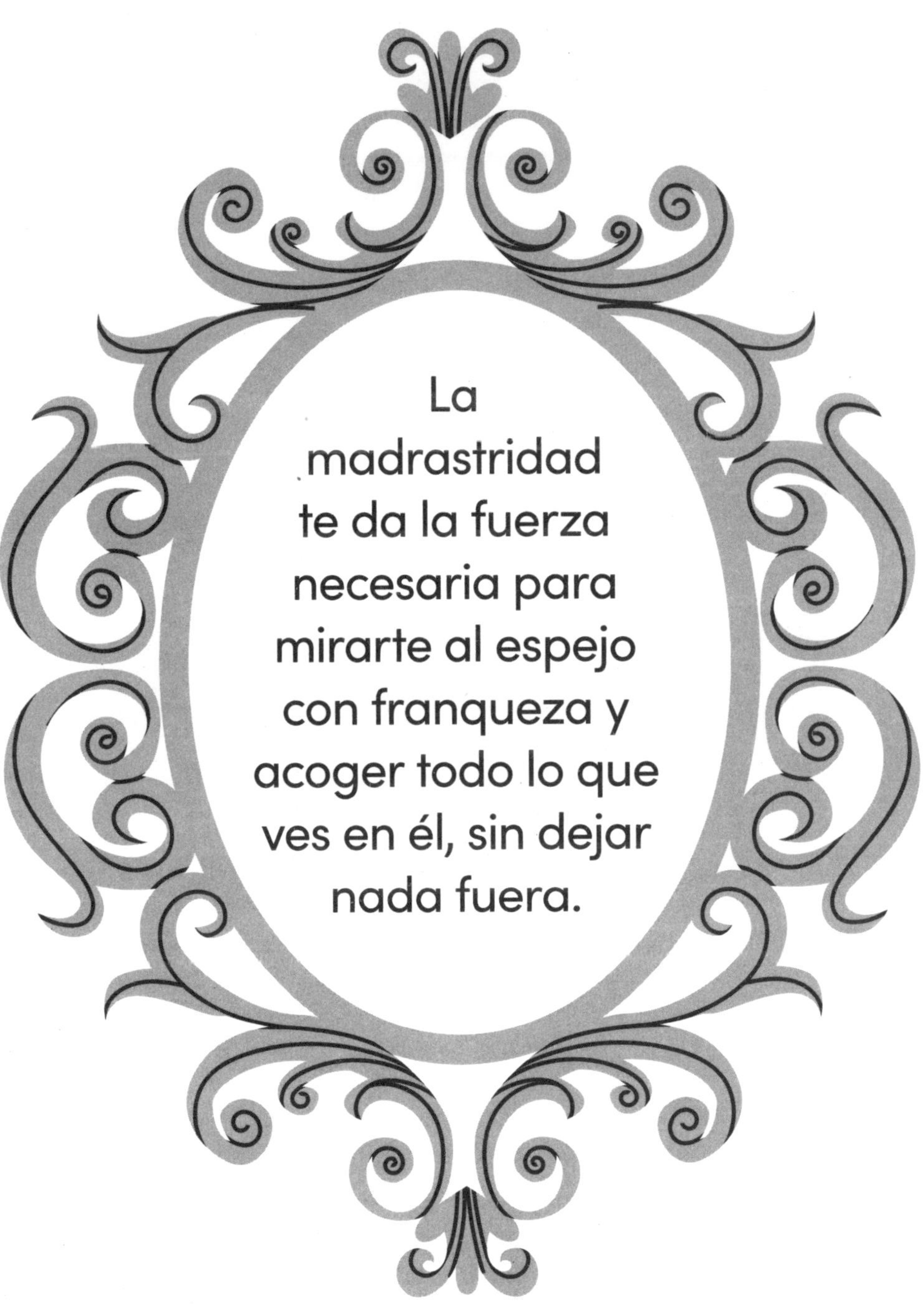
La
madrastridad
te da la fuerza
necesaria para
mirarte al espejo
con franqueza y
acoger todo lo que
ves en él, sin dejar
nada fuera.

61. Reconoce lo que has dejado por el camino

El primer paso para aceptar a tu nueva tú es reconocer las partes de ti que has dejado atrás, quizás sin darte cuenta, empezando por todo lo que dejaste de hacer para volcarte en tus hijastros. Dicho de otra forma: **cuando entra en tu vida la rutina de cuidar, es muy fácil terminar por descuidarte a ti misma**.

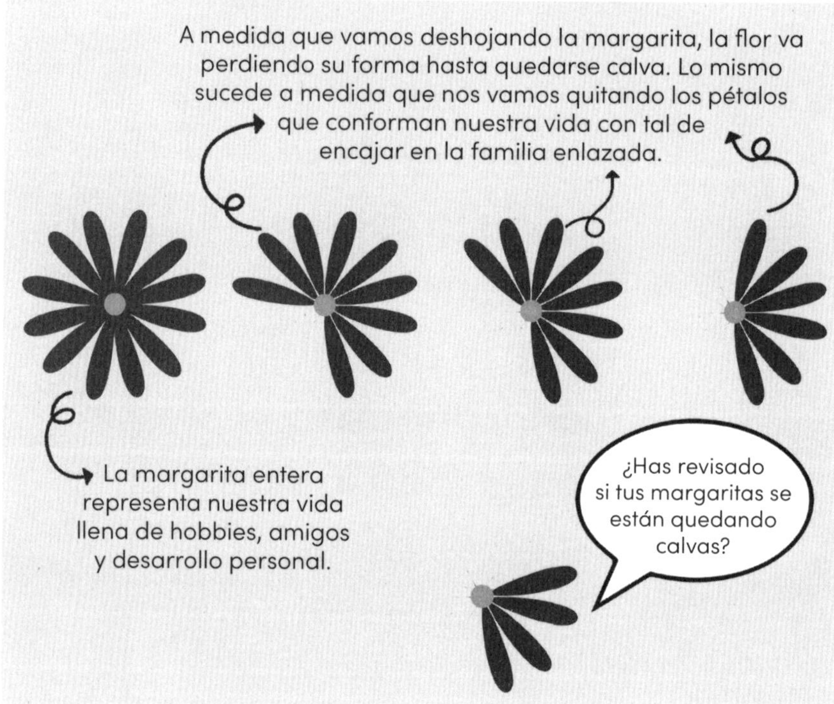

El ajuste de prioridades al que te sometes cuando inicias la madrastridad va enfocado hacia la cesión de ti misma y tus espacios para hacerte un lugar en los espacios de los demás. Pero ahora estás en otro momento y puedes revisarte para encajar en lo que tú esperas de ti. Sigues cuidando a todos (o no), pero ahora también te cuidas a ti misma.

Las renuncias de la madrastridad pueden llegar a ser innumerables, pero identificamos 5 bloques principales: **la economía, el tiempo, el espacio, el bienestar psicológico y la estabilidad emocional**.

COSAS QUE HE DEJADO POR EL CAMINO

MARCA LAS QUE HAS VIVIDO O ESTÁS VIVIENDO.

ECONOMÍA

- [ ] He reorganizado mi dinero para sufragar gastos de mis hijastros.
- [ ] He invertido ahorros en vacaciones familiares.
- [ ] He dejado de gastar dinero en mis caprichos.
- [ ] He pagado las vacaciones en pareja.
- [ ] He ayudado a pagar la pensión de alimentos.
- [ ] He visto mermada mi capacidad de ahorro.
- [ ] He sufragado gastos extra.

TIEMPO

- [ ] He cedido tiempo libre para recoger a mis hijastros del cole o de las extraescolares.
- [ ] He cedido tiempo de trabajo para ayudar a mi pareja a conciliar.
- [ ] He cedido tiempo de descanso para hacer planes «en familia».
- [ ] He cedido en mis días de vacaciones para poder estar todos juntos.
- [ ] He cedido los fines de semana para estar con la familia de mi pareja.
- [ ] He dejado de quedar tanto con mis amigos para estar más presente en casa.
- [ ] He pasado menos tiempo en el baño por las mañanas para compartir ese espacio.

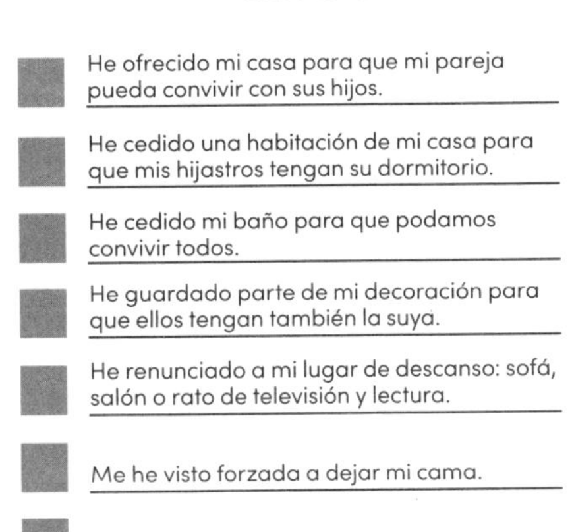

ESPACIO

- [ ] He ofrecido mi casa para que mi pareja pueda convivir con sus hijos.
- [ ] He cedido una habitación de mi casa para que mis hijastros tengan su dormitorio.
- [ ] He cedido mi baño para que podamos convivir todos.
- [ ] He guardado parte de mi decoración para que ellos tengan también la suya.
- [ ] He renunciado a mi lugar de descanso: sofá, salón o rato de televisión y lectura.
- [ ] Me he visto forzada a dejar mi cama.
- [ ] He dejado de lado alguna de mis aficiones.

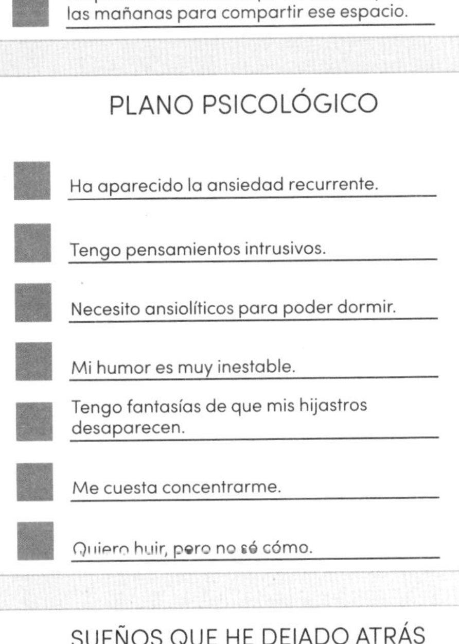

PLANO PSICOLÓGICO

- [ ] Ha aparecido la ansiedad recurrente.
- [ ] Tengo pensamientos intrusivos.
- [ ] Necesito ansiolíticos para poder dormir.
- [ ] Mi humor es muy inestable.
- [ ] Tengo fantasías de que mis hijastros desaparecen.
- [ ] Me cuesta concentrarme.
- [ ] Quiero huir, pero no sé cómo.

PLANO EMOCIONAL

- [ ] He perdido la alegría en algunos momentos.
- [ ] No tengo ganas de hacer nada.
- [ ] He perdido la ilusión.
- [ ] Tengo dudas sobre el futuro.
- [ ] A menudo tengo ganas de llorar.
- [ ] Necesito confrontar y pelear todo.
- [ ] Siento odio y furia.

SUEÑOS QUE HE DEJADO ATRÁS AL SER MADRASTRA

- [ ] ____________________
- [ ] ____________________
- [ ] ____________________
- [ ] ____________________
- [ ] ____________________
- [ ] ____________________
- [ ] ____________________

Esta tabla **es un ejemplo que puedes usar como referencia** para rellenar la tuya propia. A pesar de que muchas vivimos situaciones muy parecidas y nuestras renuncias son similares, por dentro cada una lo vive de una manera muy distinta. Te animamos a que lo completes con tus propias palabras para que sea más cercano a lo que tú sientes.

Quizás encuentres cosas que echas de menos y quieras recuperar, otras que echas de menos pero que estás dispuesta a soltar por el bien de tu proyecto de familia y quizás incluso hay varias que no echas de menos en absoluto, porque ya no van contigo.

Llevaba semanas acudiendo al trabajo muy desanimada. La gente me preguntaba si estaba todo bien y mi respuesta siempre era la misma. Sí. Encima era la verdad. En casa estaba todo bien, no teníamos nuevos sobresaltos, sencillamente sosteníamos las situaciones de siempre: desacuerdos con la ex, conflictos cotidianos con hijastros, las semanas sin niños en que terminábamos por no hacer nada porque estábamos agotados, etc. Sencillamente, no pasaba nada. Un día pasé por delante de un quiosco y vi una *Vogue*. Hacía años que no me compraba una. Desde que empezó mi madrastridad y decidí quitarme todos los gastos superfluos para ayudar a mi pareja con los gastos de sus hijos. Me dio tanta rabia darme cuenta de hasta qué punto había dejado todos mis pequeños placeres para estar pendiente del bienestar de los demás que no solo me compré la revista, sino que me prometí a mí misma no volver a pasar ni un solo mes sin comprarme otra vez un capricho para mí.

Este es el momento de despedirte de la persona que fuiste y recibir a la que eres para poder dibujar a la persona que serás.

62. La necesidad de una habitación propia

Una habitación propia es, desde que la mencionó Virginia Woolf en su famoso ensayo homónimo, **una oda a la libertad y la independencia femeninas que tanto necesitamos las madrastras y a la que renunciamos, sin darnos cuenta, cuando aceptamos el reto de gustar a una sociedad que no está preparada para nosotras**.

De una forma más concreta, una habitación propia es la reivindicación de un espacio de seguridad, protegido de ruidos e influencias de la compleja realidad de la familia enlazada. Es un lugar donde ser tú sin explicaciones y dejar crecer lo que nace de ti. Es donde las mujeres nos conocemos a nosotras mismas. Además, **es una de las afirmaciones más contundentes que puedes hacer de tu lugar en la familia**.

Lo ideal es que se trate de una habitación física y te animamos a luchar por ella. Sin embargo, no siempre es posible, por eso es importante tener en mente que una habitación propia también puede ser un espacio en el tiempo en que cierras la puerta a demandas del exterior, donde la prioridad eres tú y la entrada de los demás está limitada.

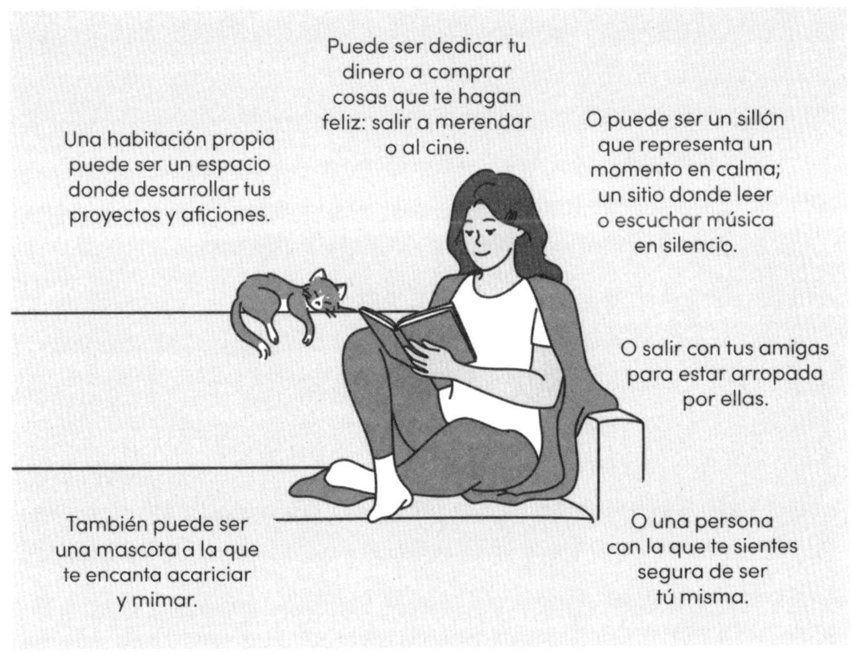

Para que cumpla los requisitos que le otorgan la categoría de lugar de seguridad:

- Debe ser algo tuyo y solo tuyo.
- Lo has elegido tú.
- Te reporta paz.
- No le debes explicaciones a nadie por hacer uso de él.
- No se comparte salvo invitación expresa.

Pon un candado en tu vida

Las madrastras que se sienten absolutamente invadidas y privadas de sus habitaciones propias suelen preguntar si es lícito tener cerraduras en casa. Y la respuesta que siempre les damos es «SÍ».

Un pestillo, un candado o una llave que mantenga a salvo tus cosas y tu espacio es una de las mejores inversiones que harás como madrastra. Por y para ti misma. Si sientes que no hay lugar para tu privacidad, establecer límites físicos es **la mejor manera de proteger tu espacio de seguridad.**

Si hay una cosa que me sentó mal en cuanto a mi familia enlazada es que absolutamente todos los espacios fuesen de uso común. Eso no me permitió tener un lugar de trabajo ni un dormitorio tranquilos. La única forma que tenía de relajarme era irme a una cafetería con mi música para reconectar un poco conmigo misma. Cuando por fin surgió la posibilidad de tener un lugar para poder hacerme mi propio rincón de lectura, recuperé la ilusión por mi casa. Más tarde, volvió a sobrevolar la idea de que mi rincón de lectura fuese de uso comunitario y ceder una parte para la sala de juegos de mis hijastros. Este ha sido el «NO» más claro, más rotundo y más preciso que he pronunciado jamás. Creo que después de tanto me lo merezco.

63. La madrastridad no es tu única identidad

La madrastridad se vuelve una parte de tu identidad. Quizás no te reconoces como madrastra y no usas el término, pero todo el contexto en el que vives solo por el hecho de estar con alguien que tiene hijos desempeña un papel importante en la persona que eres. Por poner un ejemplo, pregúntate qué porcentaje de tus pensamientos de los últimos años han estado dedicados a temas de madrastridad. ¿Te atreves a poner una cifra? El porcentaje de pensamientos que le dedicas es el porcentaje de tu identidad que se define en relación con la madrastridad, por mucho que te impacte pensarlo así.

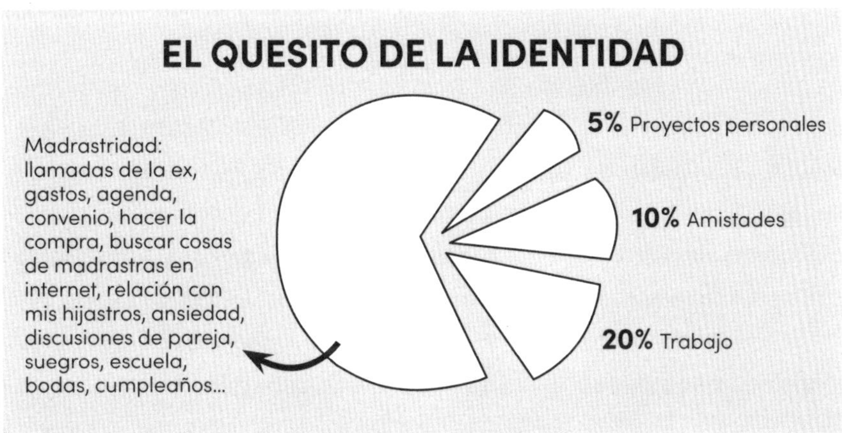

¿Cómo es tu quesito de la identidad? La madrastridad es tan intensa y exigente que puede absorber toda tu energía. Durante un tiempo, como cualquier proyecto nuevo, realmente requiere una gran inversión, pero las cuestiones de la familia enlazada son una carrera de fondo y a menudo no aportan tantas gratificaciones como una desearía. Así, si toda tu atención está puesta en este campo, acabas marchitándote por agotamiento.

En este punto, es importante equilibrar tu quesito, separar facetas y ubicar la madrastridad en una parcela de tu vida que no lo cope todo. Es momento de dar espacio a nuevos proyectos que corran paralelos a la madrastridad y que le den sentido a tu vida.

> Estar en familia me removía tanto que al principio me centré en intentar resolver ese malestar. Me decía que una vez que tuviera eso en orden podría dedicarme a otras cosas. Pero los años pasaban y el malestar crecía en vez de disminuir y, como no tenía otras relaciones (me había cambiado de ciudad para estar con mi pareja), todo lo que pasaba en casa lo vivía amplificado. Después de mi *burnout* personal, decidí dedicarme por fin a terminar una formación que había estado alargando porque no tenía cabeza para ponerme. Por primera vez, tuve la sensación de que mi vida volvía a moverse después de haber estado como en *stand by*.

Quizás en los últimos tiempos te han faltado tanto la energía como la ilusión y te has sentido al borde de la depresión. No es casual, pues **la falta de sentido es un importante factor de riesgo en salud física y mental**, un estado al que las madrastras somos especialmente vulnerables por ocupar un rol tan exigente y poco gratificante, como vimos en la fase anterior.

Si sientes que nada te da ilusión, no lo pospongas más: es momento de pedir ayuda por el bien de tu salud mental.

Abrazar el término «madrastra»: la validación viene de dentro

Nadie sabe lo que vive una madrastra, salvo otra madrastra. Hace tiempo que asumes que hay cosas que no puedes compartir con tus seres queridos y vives en una isla desierta.

Hasta que un día no puedes más y te planteas buscar en internet si existe alguien en la lejanía que pueda compartir sentimientos y experiencias parecidos a los tuyos. Al fin y al cabo, entre todos los millones de personas que hay en el mundo, alguien habrá en una situación similar a la tuya.

Pero todavía te resistes a utilizar el término «madrastra» porque eso implica aceptar todo el peso de la palabra: lo bueno (que también está ahí) y lo malo (que es mucho).

Sin embargo, hay algo mágico cuando das el paso y te autodenominas madrastra. Das carpetazo a las exigencias imposibles de «ser como una madre, como una tía y como una amiga, pero sin ser nada de eso» y reafirmas tu lugar en la familia. No eres la recién llegada ni la de fuera ni la otra ni la pareja de. Eres la madrastra. Sobran las explicaciones porque tu vínculo queda claro.

En segundo lugar, cuando por fin nombras tu rol, empiezas a darte cuenta de que en realidad las madrastras somos legión. Estamos por todos lados, somos muchísimas, pero lo estamos viviendo en silencio. En el momento en el que tú te nombras, todas empiezan a nombrarse y a salir. Entonces te das cuenta de que la red de apoyo que siempre has necesitado estaba ahí. Solo que no habías podido nombrarla hasta ahora.

Esa es la magia de abrazar el término «madrastra»: cambias tú, afirmas tu lugar en la familia y te regala una red de apoyo inesperada y única.

Me costó sacar pecho y llamarme madrastra. No me identificaba, pero sentía que ya no podía sostener tanta reticencia. Mis hijastros necesitaban saber que de verdad existía una palabra para nuestro vínculo y que podían decirla con orgullo. Por otro lado, cuando yo misma dije abiertamente a las otras madres del cole que era su madrastra, de pronto resultó que muchas de ellas también lo eran. Ahora, además de madrastras y madres del cole, se han convertido en amigas.

FASE 5
La madrastra liberada

«No sé si volvería a meterme en este embolado, pero me siento muy orgullosa de la familia que hemos construido. Y, sobre todo, me siento yo».

Todo lo que has vivido y peleado te ha llevado a esta fase final. Ahora eres una madrastra libre, las opiniones de los demás te resbalan, las expectativas ajenas no son para ti y tu foco es vivir bien tu vida. Ahora tienes madrastra *power*, el cual te ayuda a mantener las prioridades claras y ocupar el centro de su vida.

Evidentemente, esta supermadrastra es una fantasía, pero nos sentimos bastante cerca de ella cuando entramos en esta fase. No significa que no existan ya los baches, sino que ahora no nos ponen la vida patas arriba.

Por suerte, las personas no somos tan creativas como para inventar formas nuevas de conflicto constantemente, así que a estas alturas ya te has familiarizado con el estilo de cada miembro de la familia y sabes qué esperar. Los problemas con tus hijastros o con su madre ya no te arrastran como antes y no tienes miedo de negociar con tu pareja o expresar tu disconformidad, si es el caso. Esta familiaridad te devuelve una sensación de control sobre tu vida que hace tiempo que habías perdido.

La familiaridad, a diferencia de lo que solemos pensar, no es quererse mucho, sino, sobre todo, haberse tratado mucho y saber cómo hacerlo, algo que has aprendido a golpes durante todos estos años. Ese saber te aporta la seguridad necesaria para afrontar lo que venga sin dudar de tu lugar en la familia, de tu valor personal o de la viabilidad de la pareja. Además, has asentado un lugar interno y externo desde donde ubicarte en cualquier situación. **Como una ninja profesional, has aprendido a actuar sin dudarlo cuando es necesario y a salir de escena en los momentos precisos.**

Cuando tú misma te valoras, automáticamente quedas libre de la amenaza del estereotipo que te ha perseguido durante las fases anteriores, y de todas las constricciones que te impusiste no porque tuvieran sentido para ti, sino por miedo al rechazo. Es momento de adueñarte de esas cinco libertades que escribió Virginia Satir, las libertades que te devuelven el poder sobre tu propia vida y el contacto contigo misma:

1 La libertad de ser y escuchar lo que está aquí, en lugar de lo que debería ser, fue o será.

2 La libertad de decir lo que sientes y piensas, en lugar de lo que deberías sentir y pensar.

3 La libertad de sentir lo que sientes, en vez de lo que deberías sentir.

4 La libertad de pedir lo que quieres, en vez de esperar el permiso para hacerlo.

5 La libertad de correr riesgos por tu propia cuenta, en lugar de elegir solo lo que es seguro y no arriesgarte.

El cambio personal que has realizado a lo largo de los años es lo que te ha convertido en una madrastra más libre y poderosa, así que el objetivo de esta fase es adueñarte de ello. Se trata de apreciar todos los aprendizajes que te han traído hasta aquí, de disfrutar de la pareja y de la familia que has contribuido a construir y de seguir conociendo a tu nueva yo. A partir de ahora, tu madrastridad es tuya de verdad.

El poder de la autenticidad

Un rasgo característico de las madrastras y las familias maduras es la autenticidad. Si bien has renunciado a que las cosas en casa sean perfectas, sí velas para que sean auténticas. **Lo que haces lo haces porque te nace del corazón y no desde la obligación o la culpa.**

En el capítulo anterior, hablábamos de la aceptación como una forma de amor. Es en esta fase donde puedes empezar a saborearlo, porque este es un amor lento, que se disfruta en el largo plazo, con base en el respeto. Incluso, si las circunstancias os son propicias, de ese respeto puede surgir un cariño genuino. Como madrastra, aprendes a dejar el amor incondicional para las madres, los padres o para quien lo sienta, y a valorar el calorcito familiar en las múltiples y sutiles formas en que puede presentarse. Manifestar tu afecto en la forma y el momento en que lo sientes te puede resultar muy gratificante.

Ahora que me siento más tranquila con respecto a mi lugar en casa y la posición de afecto entre mis hijastros y yo, también me permito no ser perfecta. A veces me canso de estar con ellos y no pasa nada, ya no me fuerzo la sonrisa si no me sale. Incluso nos permitimos chascarrillos como decirles: «Ale, a tomar viento, que ahora me toca a mí ver la tele». Y es gracioso y una broma entre nosotros porque hemos creado ese código de colegueo tan guay. No necesito educar, reafirmarme, ser autoritaria. Ahora podemos hablar de tú a tú, pero con límites, claro. Tampoco me da reparo decir que hasta los echo de menos cuando se van con su madre.

Al principio, la gente me decía que se notaba que yo quería a mi hijastro y me sentía fatal, porque no era verdad. Lo que estaba haciendo era mi papel de madrastra entregada de la mejor forma que podía. Solo después de pasar mi crisis, de distanciarme y de volver a casa, de aprender a respetar mis sentimientos y de soltar la carga del estigma, pude sentir la primera llamita de cariño familiar por mi hijastro. Ocurrió una quincena en que habíamos estado a gusto y, cuando lo vi salir hacia su otra casa, noté un auténtico pellizco de tristeza. Me pilló totalmente desprevenida. Llevábamos unos ocho años viviendo juntos.

El cariño o el amor entre madrastras e hijastros suele ser lento y puede adoptar muchas formas. Sin embargo, con los años, hemos identificado una característica muy propia de esta relación: la fluidez. **Las relaciones entre madrastras e hijastros tienden a ser fluctuantes, tienen momentos de más cercanía y otros de más distancia.** Eso solo es un problema si la familia lo vive como tal y se fuerzan las cosas. En cambio, si asumes esta cualidad de la relación, puedes disfrutar los momentos de cercanía y permitirte a ti misma o a tus hijastros los distanciamientos cuando son necesarios, confiando en que, en algún momento, la relación fluctuará de nuevo. Y así suele ser. Es la magia de la madrastridad.

Tu cambio remueve la familia, y está bien así

En este libro hemos abordado los malestares y el proceso de la madrastridad, pero es evidente que estos no ocurren en el vacío, sino que están vinculados al proceso de transformación de toda la familia. Y, mientras a tu pareja quizás le costaba más asumir esos cambios necesarios, muchas veces **tú has dado el golpe en la mesa que ha ayudado a que los demás se despierten y se pongan en marcha**.

Tu cambio no ha hecho otra cosa que poner de manifiesto un desorden que ya estaba presente en la familia y cada uno deberá hacer su propio proceso para adaptarse a esta nueva situación. Las familias forman un sistema de relaciones y, cuando un miembro se mueve, el resto debe reubicarse para alcanzar un nuevo equilibrio. Así es como las familias evolucionan y, reconozcámoslo, las madrastras somos un gran revulsivo.

La metamorfosis de la madrastra

Todas las fases que hemos explorado constituyen la metamorfosis de la madrastra. Desde tu llegada a la familia sin saber dónde te metías, pasando por tu necesidad de ser vista y que te aceptasen, tu intento de ser la madrastra ideal y tu caída para encontrarte con las facetas más oscuras de ti misma, hasta el resurgir en forma de mariposa como colofón final.

En este punto es importante recordar el motivo que te ha llevado a vivir toda esta locura: el amor. Empezaste por amor a tu pareja y avanzaste fase a fase por amor a ti misma.

No todas las metamorfosis son iguales, de la misma forma que no lo son todas las madrastras. **Algunas descubren por el camino que la relación de pareja no da más de sí y su transformación culmina con la ruptura. Pero, lejos de ser el fracaso que pensábamos al inicio, una ruptura de la pareja es también una forma de cristalizar tu cambio personal. Y no tiene nada de malo.**

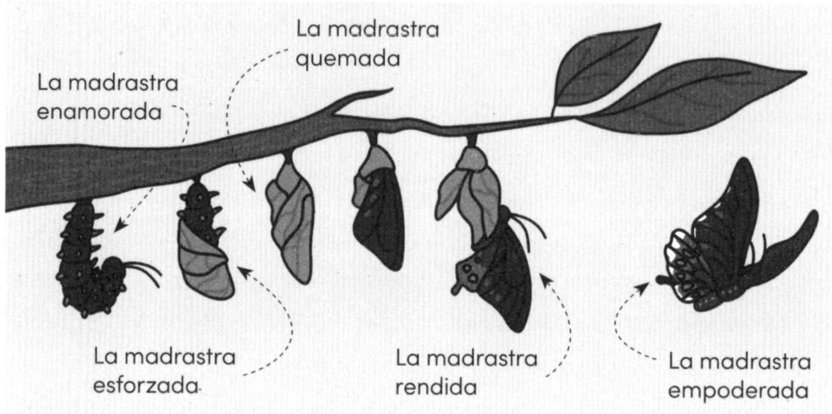

La metamorfosis es tu recorrido personal, tu aprendizaje y tu cambio, sea cual sea el resultado sobre tu relación de pareja o tu familia enlazada. Porque, al final del cuento, la única relación que va a durar toda tu vida es la que mantienes contigo misma. Da igual cuáles sean ahora tus circunstancias, **tómate un momento para apreciar el recorrido que has hecho y celébrate por ser tú**.

Los retos de esta fase serán:

- ✓ Celebrar lo que has conseguido.
- ✓ Disfrutar y cuidar la relación de pareja.
- ✓ Cerrar una etapa para abrir la siguiente.

Reto:

Celebrar lo que has conseguido

Has llegado hasta aquí con mucho esfuerzo y no siempre te has permitido tomarte un momento para apreciar de verdad cuánto has caminado y cuánto has logrado. Con el impulso que llevas para seguir hacia delante, no siempre te queda energía para agradecerte lo que estás haciendo por ti misma o para expresar tu agradecimiento a quienes te rodean. Aprender a celebrarte es una asignatura más en el aprendizaje de la validación interna y, como veremos, tiene una función mucho más profunda de lo que parece.

Por eso queremos ayudarte a que no caigas en las trampas de siempre: minimizar tus cualidades, hacer de menos tu crecimiento, posponer eternamente las gratificaciones o no regocijarte en tus logros, como si hacerlo fuese a restarte humildad.

64. Celebra con consciencia

Las celebraciones no se hacen porque sí ni en cualquier momento. La celebración tiene un propósito y, por eso, ¡no puedes dejarlo siempre para más tarde!

Puede ir desde disfrutar un vinito en el balcón hasta un fiestón con todos tus amigos. Puede durar diez minutos o diez días. Pero siempre tiene la misma función: **es un ritual que marca un hito en tu vida**.

Cuando marcas un hito, dejas huella en tu memoria de un proceso, una etapa o un reto que conseguiste culminar, del camino que te llevó a lograrlo y de los aprendizajes que hiciste durante el proceso (que, si estás aquí, son muchos). Es como hacer una declaración:

«Por la presente dejo constancia de que he llegado hasta aquí y que, si alguna vez me encuentro perdida, esta marca me ayudará a recordar que una vez ya fui capaz de superar las adversidades y que conozco el camino para lograrlo. Ahora estoy preparada para emprender la próxima etapa de mi vida».

¿Y cómo hago para grabarme esta declaración en el cerebelo y no olvidarla nunca más? Pues acompañándola de una buena alegría para tu cuerpo serrano. Así que ¿a qué esperas para sacar el vino?

Lo mejor de llegar a este punto fue ver que habíamos recuperado el espacio de disfrute en pareja y nos propusimos celebrarlo juntos. Retomamos una afición compartida, jugar a rol. Aunque queríamos que se transformase en una rutina, la primera noche encendimos las velas y nos abrimos un vino. Fue especial. Desde entonces, dos noches por semana, continuamos la partida. Parece poca cosa, pero es supergratificante ver que estamos los dos en la misma línea de cuidado y me encanta que sea mi pareja el que diga: «Ale, niños, a la cama que tenemos que echar una partida».

65. Haz inventario de tus aprendizajes

Este consejo está muy relacionado con el anterior. Igual que tendemos a posponer las celebraciones, también nos saltamos la tarea de reconocer los aprendizajes y las herramientas que desarrollamos al afrontar cada reto. Aunque te resulte una tarea difícil, **si no tomas nota de lo que aprendes, es muy fácil que lo olvides o que no te nutras de la seguridad de saberte con muchos más recursos que cuando empezaste**.

Por este motivo, la próxima vez que te montes una celebración, dedica un momento a poner tus logros en palabras; nombra las ideas, herramientas y personas que te ayudaron a avanzar en momentos difíciles y que ahora ya forman parte de ti. Escríbelas, dibújalas, escúlpelas o sencillamente compártelas con quienes te acompañan (hacerlo en pareja puede ser muy chulo). Habla contigo misma y con las personas a las que quieres del lugar de dónde vienes, de lo que te ha permitido llegar a dónde estás y de adónde quieres dirigirte con lo que has aprendido. El cambio seguro que es tremendo y tienes derecho a sentirte muy orgullosa.

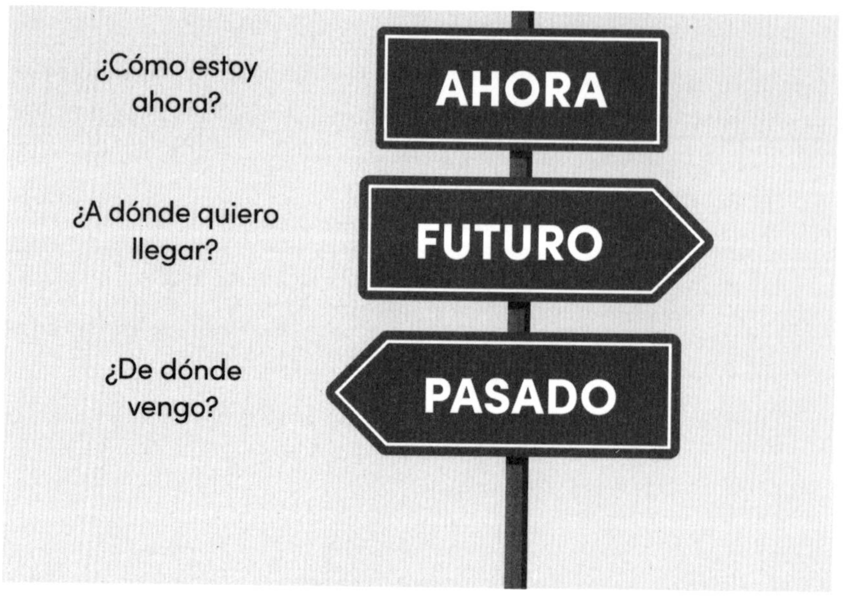

Por ejemplo: ¿dónde me encontraba emocionalmente y cómo gestionaba los conflictos hace unos meses (o años), y cómo estoy y los gestiono ahora? ¿Qué he hecho para lograr este cambio? Quizás cosas como:

- Mejorar mis habilidades comunicativas.
- Ponerme el chubasquero cuando hace falta.
- Aprender a identificar y respetar mis propios límites.
- Tener pautas de autocuidado.
- Alimentar actividades que tienen sentido para mí.
- Pedir ayuda a tiempo.
- ...

Todos estos recursos ahora forman parte de ti y, si eres consciente de tenerlos, podrás reactivarlos cada vez que lo necesites.

Antes, cuando saltaba un conflicto en casa, me sentía en la obligación de mediar y gestionar para que todos se sintieran bien. Ahora he conseguido, con mucho esfuerzo, identificar que eso me estaba dañando a mí misma y apartarme. Al haber construido un refugio para mí, puedo recurrir a él si la situación me sobrepasa. Pero también he aprendido a decirle a mi pareja: «No puedo más, ¿me haces relevo?». Y él responde siempre. ¡Vaya tela si hemos aprendido en este camino!

66. Piensa en lo que han aportado tus hijastros a tu vida

Como habrás notado, durante el recorrido de este libro, hemos intentado afianzar el aprendizaje de que los hijastros no son el motivo de nuestro malestar, aunque en ocasiones lo disparen. Lo verdaderamente complejo es el rol de madrastra tal como aún se concibe en la sociedad.

Pero digámoslo claro: si somos madrastras es porque nuestras parejas tienen hijos, y es su existencia la que nos ha impulsado hacia el viaje de la madrastridad. Por este motivo, una buena manera de redondear tu celebración pasa por conectar con el agradecimiento por lo que han aportado a tu vida. ¿Estás preparada?

Este punto es muy íntimo y personal. A continuación, te compartimos nuestro ejercicio de reflexión y agradecimiento hacia nuestros hijastros y te dejamos un hueco para que realices el tuyo.

Aina

Gracias a mis hijastros...

- ✓ He aprendido a desarrollar mi paciencia.
- ✓ Me han enseñado a maternar antes de tener a mi propio hijo.
- ✓ He probado chuches de todos los cumpleaños.
- ✓ He sanado mis heridas de infancia derivadas del divorcio de mis padres.
- ✓ He aprendido a contar con los demás.
- ✓ He aprendido a sobrevivir con cuatro horas de sueño.
- ✓ He aprendido que no pasa nada si no soy perfecta.
- ✓ He aceptado a mi propia madre.
- ✓ Me hacen más ilusión ciertos planes de futuro.
- ✓ Estoy conectando con mi propia adolescencia.

Berta

Gracias a mi hijastro...

- ✓ He aprendido a conocerme y aceptarme mucho más.
- ✓ La relación con él me ha obligado a hacer las paces con mi familia de origen.
- ✓ He descubierto que puedo pasarme algunas normas por el forro (y no es tan grave).
- ✓ He dejado de necesitar cambiar a las personas y a mí misma (¡o eso intento!).
- ✓ He aprendido a valorar el cariño lento, que nace con el tiempo.
- ✓ He mejorado en el arte de expresar mi enfado, y también en el de pedir disculpas.
- ✓ Sé que un poco de chocolate escondido en el cajón puede alegrarme el día.
- ✓ Soy mejor madre de lo que habría sido sin conocerle.
- ✓ Mi hijo sabe lo que es tener un hermano.

Tu nombre

Gracias a mis hijastros...

Mi hijastro me ha insistido mucho en que le enseñe la última entrevista que nos hicieron a Berta y a mí en el periódico. Lo veo contento y orgulloso al ver nuestra foto y empieza a leer. Al terminar, me pregunta: «¿De verdad te has sentido así? ¿Que no eres nadie porque no eres mi madre?». Nunca habíamos hablado de este tema de una forma tan madura como hoy. Claro que me he sentido así y todavía hay gente que piensa de esa manera y te lo dice sin tapujos. Para nosotros la madrastridad es otra cosa, pero él también tiene que darse cuenta de cómo son las cosas. Se lo ha tomado a broma, como quien suelta un chiste y todos se ríen. «Ese es el problema de los demás, pero no el nuestro», me dice. A mí me llena de orgullo ver que ha aprendido a sacar pecho ante los demás y decirles que tiene una madrastra. Mis hijastros me han enseñado a tener una tremenda confianza en mí misma.

Reto:

Disfrutar y cuidar la relación de pareja

Como comentamos al principio, las parejas enlazadas nos quedamos muy pronto sin luna de miel, sumidas en las infinitas tensiones de la familia. Sin embargo, si la relación atraviesa los momentos más convulsos, sale fortalecida por todas las turbulencias que ha dejado atrás y llega un día en que las aguas se calman, y descubrimos que las navegamos con una seguridad que nunca tuvimos antes. Es un momento que no está marcado por ningún hito externo, pero que se siente si ponemos atención.

> Un día cualquiera, estábamos comiendo con los niños y hubo un momento en que mi pareja y yo nos miramos y nos cogimos de la mano. Mi hijastro comentó que parecíamos compañeros de combate que hubieran sobrevivido a la guerra. Lo dijo de pasada, pero sus palabras me encajaron totalmente. Así es como me sentía en ese momento al ceñir la mano de mi marido.

Por supuesto que todavía quedan curvas por atravesar, pero la forma de hablaros es distinta y no dejáis de cuidaros ni en los momentos de mayor enfado. **Por fin os sentís como un verdadero equipo y sabéis que podéis confiar en el otro.**

Este es el momento de la pareja enlazada, que llega años después del inicio de la relación. Y, cuando llega, TENÉIS QUE pararos a saborearlo. Os lo debéis. Después de todo lo que habéis vivido juntos, es momento de centraros en vosotros para apreciar y disfrutar el espacio de profunda intimidad y confianza que habéis construido, en el que ya no queda lugar para idealizaciones, sino que está totalmente anclado a tierra.

67. Activa el disfrute en pareja

El disfrute no es algo pasivo que llega sin más. El disfrute es una decisión que tomas día a día y que requiere energía. ¿Qué te gusta compartir con tu pareja? ¿Cuáles son vuestros rituales? ¿Qué cosas os hacen ser vosotros?

Quizás has estado a tantos frentes durante tanto tiempo que ahora cuesta bajar la alerta, posponer los líos que siempre surgen y estar presente con tu pareja. Queremos decirte que es normal no estar disfrutando todo el tiempo. También es normal que haya épocas de mayor distanciamiento en una pareja veterana.

Precisamente por esto, vale la pena identificar aquellas cosas que te ayudan a reactivar el disfrute, tanto dentro como fuera de la pareja.

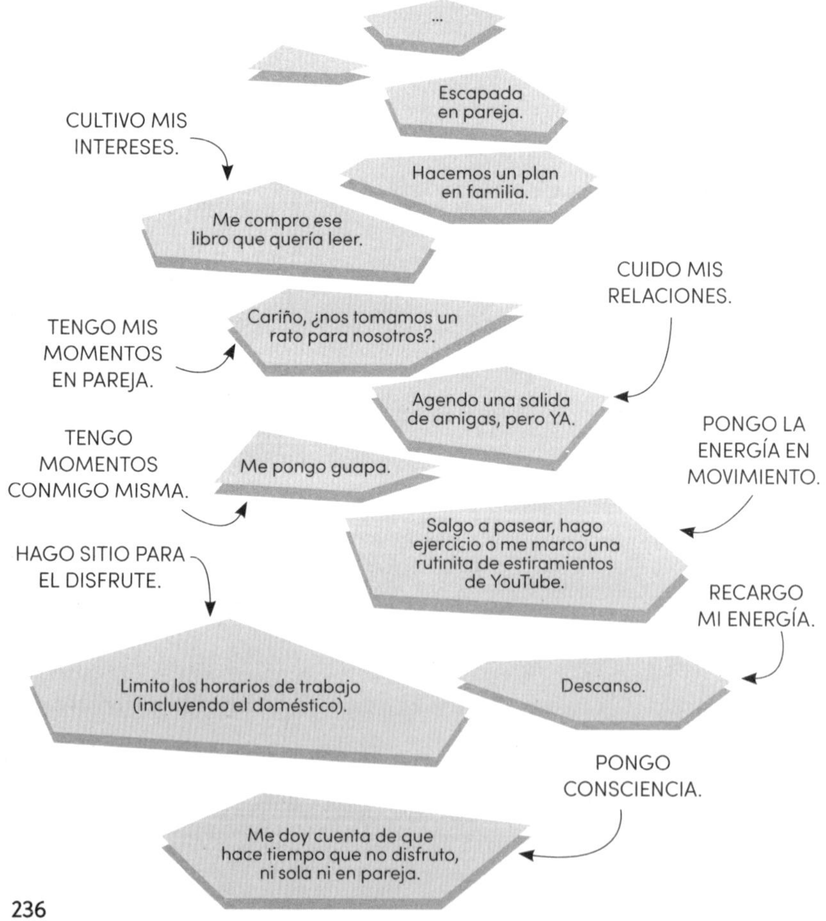

Todo está conectado y es una actitud que se retroalimenta en distintas áreas de tu vida. A veces, solo tienes que obligarte a dar el primer paso. ¿Por dónde te resulta más fácil a ti entrar en el camino del disfrute?

> Estamos viviendo una época de calma después de tanta tempestad y nos ha costado lo nuestro conseguirlo. Mucho acompañamiento y conversaciones feas. Hubo momentos en los que no veíamos la luz al final del túnel. Ahora que parece que las aguas se han calmado y que nos tomamos los conflictos de otra manera (menos destructiva para nuestra salud mental), nos está empezando a picar el gusanillo de volver a sentirnos jóvenes. Salir, ir de concierto, incluso pasar una noche solos de hotel. Lo que jamás hubiéramos podido hacer antes por miedo a las reacciones de fuera ahora se ha vuelto muy tentador, y ¡qué carajo! Es que todavía somos jóvenes y tenemos mucho disfrute por delante.

68. Prioriza el cuidado de la relación

Viviendo en familia siempre habrá quien requiera cuidados (hijos e hijastros, madres y padres, amigas, mascotas, etc.) y, como la pareja está siempre, damos la relación por hecha y posponemos su cuidado. Sin embargo, la base de la familia sois vosotros y es necesario que estéis bien para sostener el cuidado de todo lo demás.

Los hijos como responsabilidad y la pareja como prioridad

Siempre se ha dicho que los niños son la prioridad de toda pareja o todo padre que se precie. Pero

> la realidad es que, **cuando la pareja no se cuida, todo lo demás se va a pique**, incluido el cuidado de los pequeños. En la familia enlazada, jerarquizar la importancia de las relaciones nunca ayuda. En vez de eso, debemos entenderlas en paralelo: los hijos son nuestra responsabilidad porque dependen de nosotros y los amamos; al mismo tiempo, cuidar la pareja debe ser una prioridad fundamental.

La pareja que valora la relación que ha construido tiene sus prioridades en orden. Sabe que, cuando se está dejando llevar por las demandas de todo el entorno, debe parar y agendar tiempo de calidad para dos. Primero por ellos mismos y, después, por el bien de toda la familia.

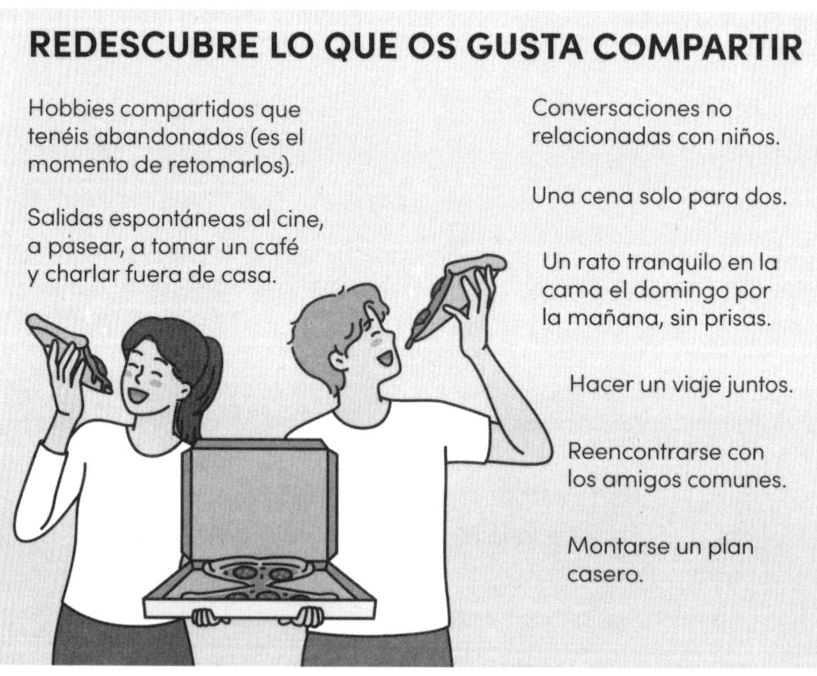

Mi hermana nos regaló por Navidad entradas para el teatro. Cuando aparcamos el coche y salimos a la calle, de noche, sin niños, y nos sentamos a tomarnos una copa antes de entrar a la función, ¡se me saltaban las lágrimas!

Era la primera vez en años que estábamos haciendo un plan cien por cien para nosotros, sin la carga de estar pensando en lo de fuera, y encima lo disfrutamos muchísimo. A partir de ese momento, nos comprometimos a repetirlo al menos una vez al mes.

69. Nutre la relación a lo largo del tiempo

La pareja necesita disfrute, cuidado y también nutrición. Vuestra relación es fuerte porque la habéis alimentado con todos esos aprendizajes individuales y conjuntos que recogiste en el reto anterior. Ahora ya es madura y no requiere tanta inversión de tiempo y esfuerzo para dar frutos, pero no os olvidéis de seguir nutriéndola día a día para que siga siendo una fuente de seguridad y disfrute durante muchos años.

¿QUÉ NUTRE A LA PAREJA ENLAZADA?

Poder hablar con sinceridad de cómo nos sentimos.

Tener espacios de crecimiento juntos, pero también separados.

Disfrutar de proyectos y aficiones conjuntas y apoyar las del otro.

Enfrentar los retos con humor.

Tomarse un tiempo de vez en cuando para revisar cómo estamos y cómo está la familia.

Honrar los tiempos, los compromisos y los límites del otro, así como los propios.

Negociar sin miedo al rechazo.

Estar de acuerdo en discrepar.

No traspasar los límites del cuidado ni en la peor de las broncas y hacer movimientos de reparación después.

Que cada uno trabaje en su crecimiento personal.

Una de las cosas que ha cambiado con la madurez es nuestra manera de discutir. Por un lado, he perdido el miedo a que mi pareja se enfade (o por lo menos casi todo) y eso me ayuda a sacar los temas que me preocupan e incluso a dejarme llevar un poco por el cabreo de vez en cuando. Por otro lado, sé que ambos confiamos plenamente en que seremos capaces de reencontrarnos cuando nos enfadamos, así que, en vez de dar vueltas y vueltas a lo mismo, nos distanciamos tras la primera enganchada. Sabemos que la cuestión tiene que ir madurando en el corazón de cada uno, que el cabreo debe bajar y que podremos llegar a un punto de paz, incluso aunque hagan falta varias conversaciones. No cruzar las líneas rojas del cuidado durante los momentos más bajos es lo que nos hace sentirnos seguros para afrontar lo que venga.

Reto:

Cerrar una etapa para abrir la siguiente

Todo proceso de transformación necesita un final, así que el último reto que te planteamos tiene que ver con cerrar el tuyo, para que puedan abrirse otros después. A partir de aquí seguirán pasando muchas cosas en tu vida, seguro, pero esas serán, como se suele decir, otras historias.

Si te fijas bien, en este proceso te has despedido de muchas cosas para poder acoger mejor la realidad que estás viviendo. Todas estas despedidas siempre han tenido un toque triste, pero esta vez es diferente.

Este adiós es la antesala de una nueva etapa de vivir bonito siendo madrastra.

70. Reconócete como veterana y devuelve tus aprendizajes al mundo

Amiga, si has llegado hasta aquí, eres una auténtica madrastra veterana. Adiestrada en batallas judiciales y negociación de actividades extraescolares, curtida en comentarios basura, templada en el fuego de los celos y la inseguridad, has dominado la magia de la invisibilidad hasta someterla a tu voluntad, y podrían convalidarte las carreras de Psicología, Pedagogía y Derecho como mínimo.

Tras sumirte en el pozo de la locura y atravesar desiertos de incertidumbre afectiva, has resurgido fortalecida con una seguridad y una experiencia únicas. Y, después de este tremendo viaje, es hora de devolverle al mundo los frutos de tu transformación.

Este momento es precioso, porque **te encuentras llena de un saber que no está en los libros, sino que está encarnado en ti y que compartes casi sin darte cuenta.** Pero, si encima le pones consciencia, lograrás dar un sentido profundo a todo lo que has vivido. Aquí tienes algunas ideas:

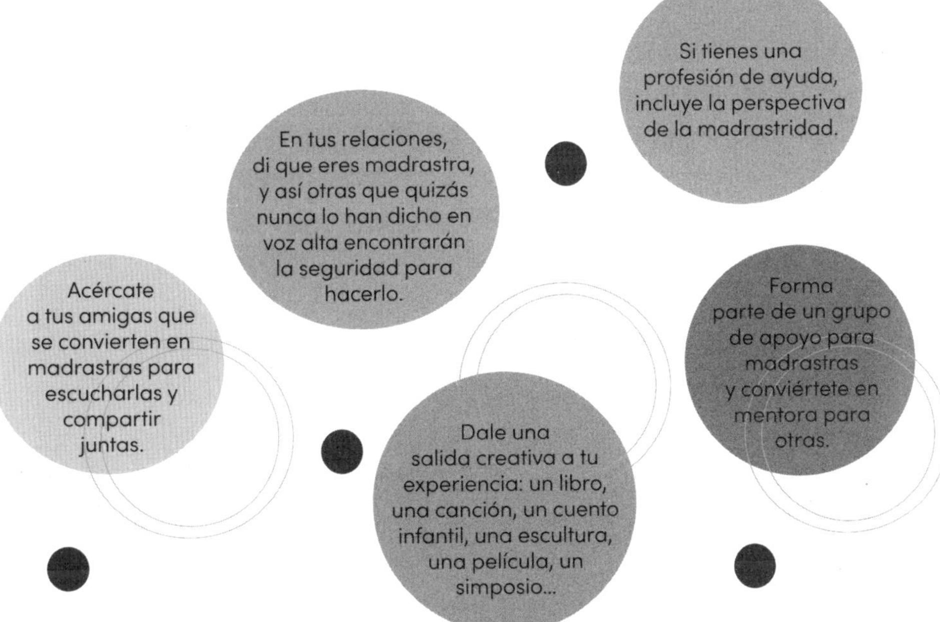

Me hace muy feliz ver que puedo ser un apoyo para las demás mujeres que conozco para que no transiten una separación o una madrastridad solas. Que sientan la confianza de venir a preguntarme cómo gestionar de la mejor manera un acuerdo con su ex o que quieran conocer mi experiencia con mi familia enlazada para sacar sus propias conclusiones. Es importante recordar que esto es cuidar de la salud mental de todas, es hacer tribu. Que hoy somos madrastras, pero también podemos ser ex. Y necesitamos a alguien que nos abrace en el proceso.

71. Afirma tu identidad como familia: «Nosotros lo hacemos así»

Al mismo tiempo que te reafirmas como madrastra veterana, con tu forma única de serlo, también es momento de afirmar vuestra identidad como familia. Habéis hecho un largo camino, habéis construido una cultura común y habéis acogido las diferencias y los ritmos de cada uno hasta formar un núcleo donde cabéis todos. **¡Es una maravilla de la ingeniería emocional!**

Sin embargo, al no ceñiros al modelo de la familia normativa, puede que algunas personas sigan cuestionándoos: «¿De verdad vas a irte de fiesta con tus amigas estando tus hijastros en casa?», «¿En serio os vais de vacaciones por separado?», «Ay, ¿pero os compráis una casa cada uno? ¿No es mejor que compréis una casa juntos», «Pues no sé por qué tienes que hacer esto tú, es tarea del padre», «Ay, me parece muy feo que los llames "hijastros"».

Llevaba años de madrastra veterana cuando un día, hablando entre amigos, surgió el tema de la colada (tema que nunca se ha abordado con la profundidad que merece). Comenté que yo solo hacía mi colada y la de mi hijo pequeño y que, por lo demás, cada uno tenía su cesto y hacía sus lavadoras. Recuerdo perfectamente la cara de perplejidad que puso una de mis amigas a la que, además, quiero mucho. Sé que quiso ser respetuosa, pero se notaba que aquello, de entrada, no cabía en su idea de familia. Por un momento, empequeñecí y volví a sentirme como una madrastra malvada por mantener las ropas separadas y no lavar la de mi hijastro. Por suerte, la veteranía acudió en mi ayuda y pude afirmarme de nuevo: «Pues sí, lo hacemos así, y para nosotros funciona».

A veces te regalan opiniones y otras veces las caras hablan por sí solas. En muchas ocasiones terminas callándote para evitar una situación incómoda (y es que una no tiene por qué estar siempre sacando pecho), pero cuidado: **que la incomprensión de los demás no te prive de reafirmar tu modelo único de familia** cada vez que te venga en gana, simplemente porque para eso lo has construido: **«Nosotros lo hacemos así y a mucha honra»**.

¿Os animáis a construir el escudo de vuestra familia? ¿Qué cosas representan a vuestro clan? ¡Aquí no hay opciones correctas o incorrectas!

72. Nuevos retos: se emancipan tus hijastros, se casan, eres abuelastra...

Ya lo sabes, la madrastridad es una carrera de fondo que puede durar toda la vida. A nivel emocional, la fase de empoderamiento te otorga calma y una sensación de estabilidad que llega como agua de mayo. Pero la vida sigue su curso y la familia continúa transformándose de una etapa a la siguiente. Los hijastros crecen, empiezan a explorar su sexualidad, se van de casa, forman nuevas familias, tienen hijos. Al mismo tiempo, tu pareja y tú pasaréis por muchos momentos diferentes, entre ellos el de volver a ser dos en casa y volver a conoceros. Vuestra relación también cambiará, como todo lo demás.

A lo mejor pasaste años temiendo la adolescencia de tus hijastros y descubres que su mayor independencia, que lleva a los padres de cabeza, para ti supone un descanso y también la oportunidad de relacionarte con ellos de otra manera.

A lo mejor se van de casa y, después de sentir el peso de la madrastridad durante años, de repente te descubres con un enorme síndrome del nido vacío (pues sí, a las madrastras también nos puede pasar esto).

A lo mejor un hijastro se casa y en la boda no sabes dónde meterte y tienes que volver a plantearte si quieres estar ahí y cómo quieres hacerlo.

A lo mejor llega un día en que tu pareja y tú decidís seguir caminos distintos y te das cuenta de que no quieres tener más relación con sus hijos o, por el contrario, que la relación con ellos es tan importante que sigues sintiéndote su madrastra, aunque ya no seas «la mujer del padre» (tal como dice la RAE).

A lo mejor tus hijastros tienen hijos y te vuelven a asaltar las dudas sobre cuál es tu lugar. Quizás tienes claro que no quieres cuidar más, o te vuelves loca con ellos a lo abuelastra coraje.

Se darán situaciones que te vuelvan a dejar totalmente desorientada. Puedes acabar de nuevo ante un camino que parece que nadie haya recorrido antes, y preguntarte si no te habrás descarriado. Si esto te pasa, no olvides lo que has aprendido para llegar hasta aquí: **tu manera de sentir es correcta por el hecho de ser la tuya y, a falta de modelos, llevarás contigo la maldición y bendición de abrir camino durante toda la vida**. No te quites valor por no actuar o sentir según la norma: al contrario, dale más valor que nunca a tu experiencia, pues se fortalece avanzando a contracorriente, abre nuevas sendas y allana el camino para las que vienen detrás. Porque gracias a ti, que has luchado tanto, otras madrastras tendrán un referente en el que mirarse.

Antes que madrastra, fui y sigo siendo hijastra. Hasta que no he sido madrastra, no me he dado cuenta de lo mucho que me marcó la mía. Todas las cosas que aprendí de ella, que se me quedaron y que han pasado a formar parte de mi familia. Ahora, en mi madrastridad, entiendo cuando nos dejaba a solas con mi padre para salir con sus amigas. Yo pensaba: «Qué raro que no esté hoy que cenamos en casa de papá», pero ahora ya no me parece raro para nada. ¡Me parece que fue una visionaria!

Bibliografía

Brown, Brené, *Creía que solo me pasaba a mí (pero no es así): La reivindicación de la autenticidad, el coraje y el poder frente al perfeccionismo, la inadecuación y la vergüenza*, Nora Steinbrun [trad.], Madrid, Gaia, 2013.

Carlin, Maicon y Garcés de los Fayos Ruiz, Enrique J., «El síndrome de *burnout*: evolución histórica desde el contexto laboral al ámbito deportivo», *Anales de Psicología*, vol. 26, n.º 1 (enero de 2010), pp. 169-180, <www.revistas.um.es/analesps/issue/view/7821>.

De la Torre, Pilar, *Fundamentos y prácticas de Comunicación No Violenta: cómo resolver conflictos desde la empatía*, Barcelona, Arpa, 2023.

Kübler-Ross, Elisabeth y Kessler, David, *Sobre el duelo y el dolor*, Silvia Guiu Navarro [trad.], Madrid, Planeta, 2017.

Papernow, Patricia L., *Becoming a Stepfamily: Patterns of Development in Remarried Families*, San Francisco, Jossey-Bass, 1993.

Payàs, Alba, *Las tareas del duelo: psicoterapia de duelo desde un modelo integrativo relacional*, Barcelona, Paidós, 2010.

Poch Avellan, Concepció, *Pérdidas y duelos: reflexiones y herramientas para identificarlos y afrontarlos*, Barcelona, Octaedro, 2013.

Rubio Faus, Berta, *Va de Papus!*, <www.diversitatfamiliar.cat>.

Satir, Virginia, *Nuevas relaciones humanas en el núcleo familiar*, Ciudad de México, Pax, 2002.

Woolf, Virginia, *Una habitación propia* (1929), Laura Pujol [trad.], Madrid, Austral, 2016.

Agradecimientos

Si has llegado hasta aquí, amiga lectora, gracias por hacer este viaje con nosotras. Este libro existe por y para ti.

Cuando iniciamos el proyecto Ser Madrastra no teníamos ningún referente, y saber que estabais al otro lado ha sido siempre lo que nos ha impulsado a continuar.

Gracias a vuestra confianza y a las experiencias que habéis compartido, hemos puesto palabras a una realidad que antes no se podía nombrar, hemos creado una tribu de madrastras donde encontrar el apoyo que antes no existía y hemos desarrollado la perspectiva necesaria para acompañar la madrastridad y el proceso de formar una familia enlazada desde una comprensión profunda de toda su complejidad.

¡Juntas, estamos cambiando el cuento!

El título de madrastra se usa cada vez con más normalidad y la madrastridad está dejando de ser un tabú para convertirse en un motivo de orgullo. Ya no representamos a esa «mujer del padre que trata mal a los hijos de este», sino que estamos destapando una gran verdad: somos mujeres de carne y hueso, y formamos una gran comunidad de la que es una fortuna ser parte.

Nos sentimos muy agradecidas con cada una de las madrastras que habéis leído, escuchado, comentado y compartido momentos con nosotras. Ya sois parte de la historia de Ser Madrastra. Y estamos agradecidas de manera muy especial a nuestras veteranas del alma, por estar siempre ahí. ¡Menudo camino hemos hecho juntas!

Además de vuestra experiencia, muchas mujeres habéis aportado también vuestro trabajo y vuestro saber profesional a este proyecto. Gracias por cada una de vuestras contribuciones. Y gracias, Flor, Irene, Lorena y Fer: creísteis en nosotras cuando nosotras mismas dudábamos, hicisteis de Ser Madrastra vuestra casa y con vosotras hemos crecido hasta puntos que jamás habríamos imaginado.

Toda esta experiencia ha ido fraguándose durante años y ahora nos damos cuenta de que ponerla negro sobre blanco era un paso necesario. Gracias, Susana, por ver este libro antes que nadie. Gracias, Carla, por ayudarnos a concretarlo. Gracias, Sara, por apostar por nosotras y acompañarnos en todo el proceso. Y gracias, Carmen, por orientarnos cuando estábamos perdidas y ofrecernos tu mano de forma tan generosa. ¡No podemos creernos que este libro sea ya una realidad!

Aina:

Nada de esto existiría si Juanma no me hubiese animado aquel día a empezar a escribir un blog donde exponer mis peripecias con mis hijastros cuando eran bebés. Recuerdo cuando hacíamos ese *brainstorming* buscando una palabra que me definiera en la familia porque no encontrábamos una forma adecuada de llamarme. Te agradezco todos los empujones que me has dado para ir avanzando y asumiendo riesgos tanto en la vida como madrastra como en este maravilloso proyecto. Gracias por creer en nuestra relación cuando lo teníamos todo en contra y por darme los mejores hijastros que hubiera podido imaginar. Gracias, de nuevo, por la familia que hemos formado también con nuestro hijo en común. *The cabestros team.*

Nunca pensé que expresaría esto, pero quiero dar las gracias a mis padres por separarse y darme la oportunidad de crecer en una familia enlazada. Por la sensibilidad que me ha otorgado la experiencia y lo mucho que está sirviendo para poder ayudar a otras familias en transformación.

Gracias a mi hermana, Andrea, que lleva treinta y dos años aguantándome y me hace escribir esto bajo coacción. Pero sabe que la quiero y, a pesar de que hay un océano de distancia entre nosotras, «*it's comforting to know that the ones you love are always in your heart. And, if you're very lucky, a plane ride away*».

Gracias a mis madrastras, que ya son amigas del alma y que, pese a todo, están ahí; siempre acompañando y brindando apoyo, con nuestro lenguaje especial que hemos creado para conectar con una realidad muy particular, aquella que experimentamos por tener este rol. Gracias por los memes y las risas a horas intempestivas; no sé qué sería de mi salud mental sin vosotras, chicas.

Y gracias, Berta, por responder a aquel mail y tener aquella conversación telefónica conmigo, desde el baño de tu casa, donde surgió el proyecto Ser Madrastra y esta amistad que dura ya más de un lustro. Y que dure muchos más.

Berta:

Cuando me encontraba en las horas más bajas de la madrastridad, le dije a mi psicóloga que, si lograba rehacerme, pensaba crear un espacio de apoyo para madrastras. Ella levantó las cejas de manera casi imperceptible y dejó pasar el comentario, como si se tratara de uno más de mis desvaríos. Y habría quedado en eso de no ser por todas las personas que me ayudaron a convertirlo en realidad.

Gracias, en primer lugar, a ti, César, por confiar en mí para contar algo que no era solo mío, sino de los dos. Apostaste por mi proyecto incluso cuando te costaba creer en él, de la misma manera que apostaste por nuestra relación incluso en los momentos en los que pendía de un hilo. Cada día me siento feliz de haber cruzado ese puente contigo. Gracias también a mi hijastro porque, sin pretenderlo, puso mi vida patas arriba y descubrí que así me gustaba mucho más. Y a mi hijo, que cada noche me recibe con alegría al salir de mi despachito, y me recuerda con sus agudas burlas que, aunque a veces me gusta quejarme y hacer un poco de drama, mi trabajo me apasiona. No cambiaría nuestra familia por nada.

Agradezco a mi madre las conversaciones, las ideas, el apoyo constante y sus impagables cameos en Ser Madrastra. Y a mi padrastro por velar desde la sombra para que ella y yo encontremos ratitos para charlar (aunque trates de esconderte en un segundo plano, tus gestos siempre me hacen sentir querida).

Gracias a mis hermanastros, porque, una vez que nos hubimos zurrado lo suficiente, se convirtieron en los hermanos que nunca tuve y, desde muy pequeña me enseñaron el gran regalo que puede ser una familia enlazada. Le agradezco también a mi padre haberlos traído a mi vida.

Finalmente, pero no por eso menos importante, quiero dar las gracias a mis amigas y a mi tribu, por poner orejas y hombro cada vez que he necesitado desahogar mis frustraciones y por celebrar conmigo cada pequeño avance. Me he sentido siempre muy acompañada.

Aina, nuestro destino y el de Ser Madrastra quedaron sellados cuando decidiste enviarme ese mail. A lo largo de los años te has convertido en mi hermana, y escribir este libro contigo ha sido una de las muchas aventuras a las que sé con certeza que vamos a lanzarnos juntas. Gracias, querida amiga, por tanto.

Nota para la lectora

Si este libro te ha acompañado, te ha dado ideas útiles o ha mejorado tu vida de alguna manera, te pedimos tu ayuda para lograr que llegue al máximo número de personas.

¿Cómo?

Puedes escribir una reseña en la plataforma donde lo adquiriste, recomendarlo, regalarlo, prestarlo, sugerir a la biblioteca de tu barrio que lo incluya en su colección o cualquier posibilidad que se te ocurra.

Aunque te parezca un gesto pequeño, para nosotras supone una gran diferencia. Y quién sabe qué otras mujeres lo encontrarán en su camino y pensarán: «¡Por fin un libro donde las madrastras somos protagonistas!».

Este libro se terminó de imprimir
en el mes de enero de 2025.